FRACTURES FRANÇAISES

Christophe Guilluy

FRACTURES FRANÇAISES

Champs actuel

Du même auteur

Atlas des fractures françaises, L'Harmattan, 2000.
Atlas des nouvelles fractures sociales en France (avec Christophe Noyé), Autrement, 2004.
La France périphérique, Flammarion, 2014.
Le Crépuscule de la France d'en haut, Flammarion, 2016.
No Society, Flammarion, 2018.

© François Bourin Éditeur 2010
© Flammarion, 2013, 2019 pour cette édition
ISBN : 978-2-0814-9471-8

Introduction

LES NOUVEAUX CONFLITS FRANÇAIS

Un millier de Chinois manifestent ce dimanche pour dénoncer l'insécurité. Les jeunes maghrébins et africains des cités environnantes sont accusés d'être responsables de nombreux vols et agressions dont sont victimes les ressortissants de la diaspora chinoise. La tension est palpable et la manifestation dégénère. Plusieurs jeunes sont frappés. Seul un important déploiement policier empêchera un véritable affrontement ethnique. Sommes-nous à Los Angeles, à Chicago ou à Londres ? Dans une ville anglo-saxonne ? Dans un pays où le communautarisme serait la norme, où les individus seraient définis par leur appartenance ethnique et culturelle ? Non, nous sommes à Belleville, à Paris, en France, en 2010. Si la presse a plus ou moins couvert l'événement [1], force est de constater que la classe politique dans son ensemble est restée muette. Toujours prêts à nous servir des disputes sur des sujets où les contradicteurs sont d'accord sur à peu près tout, les partis politiques n'ont pas souhaité commenter ce qui, *a minima*, révèle une crise du « vivre ensemble » et, par contrecoup, provoque une remise en cause de l'idéal républicain. Il faut dire qu'en France, le multiculturalisme et ses effets ne sont pas débattus.

---

1. Émilie Brouze, « Manif de Belleville : cinq personnes toujours en garde à vue », *Libération*, 22 juin 2010.

Mais il est un autre sujet dont on ne veut pas parler. Le même silence gêné a accompagné la parution en février 2010 d'un rapport de la Direction générale du Trésor et de la politique économique [1]. Les conclusions méritaient pourtant de faire débat puisque les experts estimaient qu'entre 2000 et 2007, 63 % des destructions d'emplois industriels en France avait été le fait de la concurrence internationale. De quoi alimenter le débat public sur les bienfaits de la mondialisation libérale ? Non, en France, la mondialisation et ses effets ne se discutent pas. Non plus.

Mondialisation libérale et multiculturalisme, ces thématiques majeures font l'objet d'un consensus politique et ne sont donc pas ou peu interrogées. Il faut dire que les principales victimes de la mondialisation et les pratiquants (contrairement aux croyants) de la société multiculturelle ont disparu depuis au moins trois décennies des écrans radars des politiques et des médias. Cette invisibilité des couches populaires permet ainsi de promouvoir une société apaisée où le conflit n'a plus sa place. En 2010, les fins de mois de 15 millions de personnes se jouent à 50 ou 150 euros près et 8 millions de Français sont considérés comme pauvres [2]. Cette insécurité sociale n'a pourtant débouché sur aucun conflit majeur. Tout se passe comme si le retrait de la sphère médiatique, culturelle et politique des premières victimes de la mondialisation assurait la pérennité du système.

On le voit, si la disparition culturelle et politique des catégories populaires souligne la crise démocratique, elle

---

[1]. « La désindustrialisation en France », *Cahiers de la DGTPE*, n° 2010-01, février 2010.

[2]. Observatoire national de la pauvreté et de l'exclusion sociale (ONPES), 6ᵉ rapport, février 2010.

permet surtout d'installer durablement l'image en trompe l'œil d'une société apaisée, moyennisée et consensuelle. L'invisibilité des couches populaires évacue l'idée même de conflit. La conflictualité sociale et culturelle ne fait plus partie du champ politique ; c'est d'ailleurs une des principales causes de la désaffection d'une grande partie des électeurs pour les partis politiques. Cette société sans conflit permet d'entretenir efficacement le mythe d'une classe moyenne majoritaire et bénéficiaire de la mondialisation. Ce déni de tout antagonisme social fait écho à l'absence de débat sur les effets de l'émergence d'une société dite multiculturelle. La conflictualité culturelle est elle aussi occultée par une représentation idéalisée du multiculturalisme, celle d'une société métissée. Dans ce contexte, le débat politique n'est plus le lieu de l'antagonisme ou du débat, mais un espace où les acteurs entretiennent des disputes dérisoires tout en s'accordant sur « l'essentiel ». Le paradoxe est que plus les inégalités et la conflictualité augmentent, plus on nous renvoie l'image d'une société consensuelle et apaisée. L'invisibilité culturelle des catégories populaires met ainsi à l'abri le politique de la violence sociale et culturelle qu'elles subissent de plus en plus dans la réalité. Mais ce consensus apparent n'est pas « la fin de l'Histoire ». La situation réelle montre au contraire la montée de nouvelles dissensions. Les catégories populaires, même privées de débouché politique, manifestent une hostilité croissante au processus de mondialisation. À l'opposé des élites, la majorité des habitants des pays développés ne se réjouit que modérément de l'émergence d'une classe moyenne indienne ou chinoise. Elle constate au contraire que si les classes supérieures des pays développés et la classe moyenne chinoise ou indienne bénéficient de la mondialisation, leurs propres conditions de vie et de travail subissent une dégradation progressive. Pour l'heure, si la contestation de la mondialisation libérale et la perplexité des couches populaires face aux effets du multiculturalisme ne s'expriment pas encore dans le débat politique, elle n'influence pas moins l'organisation des territoires.

L'un des enjeux de ce livre est de révéler les véritables ressorts de la recomposition sociale et démographique des territoires. Ce diagnostic permet de comprendre comment les couches populaires vivent et réagissent aux effets de la mondialisation et du multiculturalisme. À une époque où les débats ont disparu, la géographie sert de révélateur aux conflictualités [1] qu'une doxa dominante refuse de prendre en compte.

Le choix d'analyser les nouvelles dynamiques sociales et territoriales à partir de la question des classes populaires peut être perçu comme « démagogique ». Leur simple évocation paraît suspecte. De la même manière, la critique des élites et des classes dominantes et supérieures sera évidemment perçue comme « populiste ». Nous assumons ce choix pour deux raisons. La première est que ces catégories, majoritaires, structurent encore la société. La seconde, plus fondamentale, est que l'évocation de leur réalité sociale et territoriale permet d'apprécier les effets concrets des choix économiques et sociétaux des classes dominantes. Dès lors, et s'il est entendu que le « peuple » n'a pas toujours raison face aux élites, l'évocation d'une France « vue d'en bas » permet au moins de rappeler son existence et de mieux comprendre la réalité sociale de l'Hexagone.

---

1. Yves Lacoste, *La Géographie, ça sert d'abord à faire la guerre*, Paris, La Découverte, 1976.

Tout au long de cet essai, nous essaierons de contourner les postures idéologiques en nous intéressant non à « ce qui disent les gens » mais plutôt à « ce qu'ils font ». L'analyse géographique permet ainsi d'éviter les postures idéologiques pour observer, par exemple, la réalité des pratiques d'évitement résidentiel ou scolaire. La description territoriale de ces dynamiques montre que loin de se résumer à une opposition idéologique entre « mondialistes libéraux » et « nationalistes » ou, pire, entre « racistes » et « non-racistes », la question du séparatisme traverse l'ensemble de la société. Ces pratiques attaquent la cohésion nationale mais elles ne signifient pas pour autant que la société française ait opéré un basculement « à l'américaine ». L'avenir ne se limite pas à un choix entre républicanisme et communautarisme, ni à celui du métissage ou de la guerre civile. En revanche, il est certain que la mise à l'écart prolongé des catégories populaires dans un système mondialisé ne pourra être gérable très longtemps.

Le premier objectif de ce livre est de démystifier la présentation caricaturale et officielle des rapports sociaux en France. La description des nouveaux conflits français passe par une remise en cause de la représentation « officielle » mais caricaturale de la société française : celle qui oppose les banlieues aux autres territoires, ou des minorités aux classes moyennes. Les représentations des banlieues, de la classe moyenne et des minorités sont celles qui légitimisent le plus le discours ambiant, celui des médias et de la classe dominante. Ces représentations ont ainsi imposé l'idée d'une société française divisée entre des exclus, essentiellement les minorités qui vivent en banlieue, et la classe moyenne. Les banlieues sont devenues les territoires de l'exclusion, tandis que la France pavillonnaire est censée illustrer le mythe de la classe moyenne. Ces représentations suggèrent aussi que nous sommes déjà entrés dans une société communautarisée où des banlieues ethnicisées feraient face à des territoires où se concentreraient les classes moyennes blanches.

Cette construction caricaturale permet, c'est l'objectif, d'occulter une question sociale centrale pour l'ensemble des couches populaires, qu'elles habitent en banlieue ou dans la France périurbaine et rurale. Au traditionnel conflit de classes s'est substituée toute une analyse sociétale qui oppose les minorités ethniques à une majorité supposée homogène socialement.

Les classes dominantes cherchent à imposer cette grille de lecture qui conduit à évacuer définitivement la question sociale. Ce basculement idéologique, qui aboutit à importer un modèle plus ou moins communautariste, passe par la promotion de la diversité et la racialisation des rapports sociaux. La mixité et le métissage sont ainsi présentés comme des objectifs prioritaires d'une société où le peuple serait intrinsèquement raciste. Dans ce contexte, le réel compte peu, notamment le fait que les catégories populaires restent viscéralement attachées aux principes d'égalité. La déconstruction des représentations erronées de la société française à laquelle nous allons nous livrer permet donc non seulement de replacer la question sociale au cœur du débat, mais aussi de lever le voile sur une entreprise idéologique.

L'autre enjeu de ce livre est de définir les contours d'une nouvelle géographie sociale. La disparition culturelle des couches populaires n'est pas sans rapport avec la relégation spatiale qu'elles subissent depuis vingt ans. De l'exode rural consécutif à la révolution industrielle à l'exode urbain d'aujourd'hui, le statut spatial des couches populaires apparaît comme une métaphore géographique de la place qu'elles occupent désormais dans l'espace

INTRODUCTION

politique et culturel. « Centrale » hier, celle-ci est désormais « périphérique ». Du cœur de la ville industrielle aux périphéries périurbaines et rurales des métropoles mondialisées, les couches populaires apparaissent comme les grandes perdantes de la lutte des places. La majorité des ouvriers, des employés ainsi que des ménages modestes vivent désormais sur des territoires périurbains, industriels et ruraux, à l'écart des lieux de pouvoirs économiques et culturels. C'est bien dans cette « France périphérique » qu'émerge la nouvelle sociologie de la France populaire, une sociologie qui se différencie de plus en plus de celle des grandes villes et qui trace de nouvelles lignes de fractures politiques.

La nouvelle géographie sociale permet de distinguer une « France métropolitaine », qui concentre près de 40 % de la population, et une « France périphérique » où se répartit près de 60 % de la population. Cette approche vise à s'affranchir des découpages territoriaux traditionnels, notamment entre les espaces urbains, périurbains et ruraux, qui ne disent rien des nouvelles fractures sociales et culturelles. La mise en lumière d'une « France périphérique », qui recouvre des territoires urbains, notamment de petites villes et de villes moyenne, périurbains les plus fragiles socialement, et ruraux, permet de souligner la place des nouvelles classes populaires à l'heure de la mondialisation.

À l'écart de la France métropolitaine, des catégories hier opposées, ouvriers, employés, chômeurs, jeunes et retraités issus de ces catégories, petits paysans partagent désormais une perception commune des effets de l'intégration à l'économie-monde et de son corollaire – la métropolisation.

Enfin, le livre a aussi pour objectif de décrire l'impact de la recomposition sociale et démographique des territoires sur la cohésion nationale.

L'approche géographique permet d'aborder la question sensible du séparatisme en milieu populaire. Nous le verrons, ce séparatisme ne se confond pas avec le « white flight [1] » racialiste américain. En France, la dynamique séparatiste repose d'abord sur des réalités sociales, territoriales et démographiques. C'est en réalité l'instabilité démographique qui favorise ces dynamiques. Le rapport entre « minorité » et « majorité » ne cesse d'évoluer et contribue à une forme d'insécurité culturelle. Cette dernière sera d'autant plus durable que nous n'assistons pas à un processus de « substitution de population », mais à une recomposition démographique des territoires sur des bases sociales mais aussi culturelles.

L'enjeu des prochaines décennies sera de maintenir une cohésion nationale entre des territoires qui tendent à se différencier de plus en plus culturellement ainsi qu'à accompagner une forte instabilité sociale, démographique et culturelle. Loin des certitudes des classes dirigeantes, les couches populaires font pour l'instant face avec pragmatisme à cette instabilité. La question est désormais de savoir si ces évolutions font encore « société ».

---

[1]. Cette expression anglo-saxonne décrit le départ des populations blanches de territoires où les minorités ethniques sont surreprésentées.

1

UN GHETTO INTELLECTUEL ET MÉDIATIQUE

Certaines thématiques structurent plus que d'autres le discours dominant. Depuis 1990, la banlieue, les minorités et la classe moyenne occupent ainsi l'essentiel du discours des prescripteurs d'opinions et, singulièrement, de la classe politique. À aucun moment, la question de la pertinence de ces représentations sociales et territoriales n'a été posée ; celles-ci traduisent pourtant une interprétation très idéologique des oppositions sociales. La remise en cause des représentations sociales de la société française n'est pas un exercice « technique », ni même un débat sociologique. Cette critique des représentations courantes permet d'interroger la pertinence des discours politiques, médiatiques et culturels, et d'identifier ainsi l'une des causes majeures de la fracture entre le peuple et ses élites.

La montée de l'abstention et du « populisme » est présentée comme un rejet du politique ou des partis. Elle est en réalité l'illustration d'un décalage croissant entre la réalité et les représentations qui influencent le discours des partis politiques. On comprend dans ce contexte que 67 % des Français ne fassent plus confiance ni à la gauche ni à la droite et que seulement une minorité d'entre eux arrive encore à se situer sur l'échelle gauche/droite [1].

---

1. Enquête du Cevipof-Sofres, « Baromètre de la confiance politique », janvier 2010.

Comment se sentir impliqué par un débat politique essentiellement centré sur des représentations erronées de la société française ? La crise démocratique est d'abord celle d'une grille de lecture dépassée. La question des banlieues occupe une place de choix dans cette grille. Il s'agit certainement de la thématique la plus médiatisée et certainement la plus erronée. Elle s'articule avec celle des classes moyennes. Ces deux thèmes ne sont pourtant jamais mis en relation. La littérature consacrée aux deux sujets est abondante, mais ne montre pas comment ces questions se nourrissent l'une de l'autre. Pourtant, l'une n'existe pas sans l'autre.

Les quartiers sensibles se définissent ainsi comme des territoires désertés par les classes moyennes. L'image de ces « *no-middle-class-land* » s'est construite en creux, en comparaison d'une classe moyenne majoritaire et intégrée vivant sur d'autres territoires, notamment périurbains. Cette analyse caricaturale d'une société divisée entre les « exclus » et les « petits-bourgeois », entre les cités et les pavillons, a été confortée par l'émergence de la thématique des minorités. Les exclus, ceux qui se concentrent dans les quartiers sensibles, font partie des minorités visibles, les classes moyennes appartenant mécaniquement à la majorité invisible. L'opposition d'une France des ghettos ethnicisés à une France des pavillons permet de valider l'idée d'une société structurée par un apartheid urbain et ethnique. Peu importe que les banlieues ne soient pas les ghettos américains, que la France pavillonnaire ne soit plus celle de l'ascension sociale des classes moyennes, et, qu'au final, cette géographie sociale n'existe pas. Cette construction sociologique et urbaine est désormais gravée dans le marbre politique et médiatique : des territoires et des populations qui ne seront jamais des classes moyennes face à des territoires qui, au contraire, y sont fermement arrimés. Cette doxa « sociospatiale » n'est pas seulement une posture médiatique, elle a des conséquences idéologiques profondes. Elle permet, nous le verrons, d'accompagner en douceur l'intégration à la mondialisation libérale en rendant obsolète la question sociale et ainsi de remplacer peu à peu l'égalitarisme républicain par un « égalitarisme multiculturel », beaucoup moins exigeant socialement.

La déconstruction du discours sur la banlieue, les minorités et les classes moyennes vise à remettre en cause une représentation idéologique de la société française afin de discerner les véritables dynamiques à l'œuvre dans la société et sur les territoires. En effet, « la banlieue » n'existe pas. Il ne s'agit évidemment pas là de remettre en cause l'existence de territoires urbains où vit les trois quarts de la population urbaine. Il ne s'agit pas non plus de nier l'évidence d'une concentration des difficultés sur certains territoires où les taux de chômage et de pauvreté sont effectivement très élevés. Il s'agit, en revanche, de nous interroger sur la signification du surgissement dans le discours politique du « ghetto à la française ». Stigmatisée et victimisée, la « banlieue-ghetto » participe à la construction d'une représentation erronée de la société française. Hormis le fait qu'elle empêche de poser le véritable diagnostic des quartiers sensibles, elle masque l'importance des nouvelles dynamiques urbaines et sociales. La situation des banlieues est d'abord la conséquence de l'émergence d'une nouvelle géographie sociale insuffisamment prise en compte.

Leçon de géographie sociale

Ainsi, pour y voir plus clair, une petite leçon de géographie sociale s'impose. La transformation des villes, les évolutions économiques, la démographie modèlent insensiblement le paysage social. La géographie sociale est aussi le fruit d'un héritage. Les représentations des territoires sont pour partie héritées de deux périodes : celle de la révolution industrielle et celle plus récente des Trente Glorieuses (1945-1975). La vision dix-neuvièmiste des territoires oppose les quartiers ouvriers et les régions industrielles aux quartiers bourgeois et aux régions tertiairisées. Née de la révolution industrielle, cette géographie structure encore socialement le territoire. Une autre est venue compléter ce dispositif, celle forgée durant les Trente Glorieuses. Cette géographie de la « moyennisation » est celle de la France pavillonnaire. Cette France périurbaine se confond avec la France des classes moyennes en voie d'ascension sociale.

Ces géographies sociales « héritées » s'effacent peu à peu dans les années 1980 pour laisser la place à une autre représentation sociale des territoires, celle des banlieues. Contrairement aux autres, cette géographie-là est d'abord une « géographie médiatique » : « vu à la télé », modelé au fil des ans par la puissance médiatique des images, le paysage des quartiers sensibles s'est imposé à l'ensemble des prescripteurs d'opinions avant même d'avoir fait l'objet d'une analyse sociale et scientifique sérieuse. L'étude des dynamiques sociales pèse en effet peu face aux images d'émeutiers armés de Villiers-le-Bel ou du quartier de la Villeneuve à Grenoble. Ainsi, et pour la première fois, ce ne sont plus les seuls acteurs sociaux qui modèlent et écrivent l'histoire sociale, mais les médias et plus largement les prescripteurs d'opinions. Le traitement médiatique de la question des banlieues n'aura pas seulement contribué à créer de nouvelles représentations sociologiques, il est aussi à l'origine d'une géographie sociale qui structure désormais les discours politiques.

Il est ainsi frappant de constater la rapidité avec laquelle la géographie sociale traditionnelle s'est effacée. Les territoires de la France ouvrière, industrielle, l'histoire bicentenaire des quartiers populaires des grandes villes, sans parler de la France rurale... tout cela s'est évanoui peu à peu dans les années 1980-1990 au fur et à mesure qu'émergeait l'obsession des banlieues. Cette disparition n'est pas seulement la conséquence du passage de la société industrielle à la société postindustrielle, mais participe à un mouvement idéologique qui vise notamment à substituer la question sociale à des questions sociétales. Ce qui est vraiment en cause ici n'est pas le traitement de la crise des banlieues par les médias mais l'utilisation politique de ce traitement. Le « paysage médiatique » est devenu le « paysage social de référence » et le reflet de l'idéologie des élites. L'analyse de la genèse de cette représentation permet d'éclairer cette dimension idéologique.

Les urbanistes et sociologues ont l'habitude de faire démarrer la crise des banlieues et la politique de la ville en 1973. Les pouvoirs publics créent alors le premier groupe de réflexion sur les quartiers de grands ensembles de logements sociaux. Cette année de naissance est techniquement pertinente puisque l'attention portée aux grands ensembles va précéder les émeutes urbaines. Cet acte de naissance marque une volonté, dès les années 1980, de « techniciser » et d'« urbaniser » une question qui est d'abord démographique, culturelle et idéologique. La banlieue comme « objet politique et médiatique » est née en septembre 1979, précisément dans la banlieue lyonnaise, à Vaulx-en-Velin. Pour la première fois, des émeutes urbaines, que l'on croyait réservées aux pays anglo-saxons ou à ceux du tiers-monde, venaient frapper le territoire français. Pendant plusieurs jours, les jeunes du quartier de la Grappinière multiplient les « rodéos », affrontent la police et incendient des voitures. Pis, ces échauffourées sporadiques se multiplient et touchent d'autres communes et quartiers de la banlieue lyonnaise. Villeurbanne, notamment la cité Olivier-de-Serres, est touchée en 1980. Un an plus tard, c'est au tour de Vénissieux et du quartier des Minguettes de subir des violences urbaines d'une rare intensité. Les politiques sont sous le choc, comme paralysés par des violences qui concernent une France qu'on ne connaît pas, celle des jeunes Français issus de l'immigration maghrébine. La banlieue, c'est d'abord une image, celle de ces jeunes Français qui défient la police. Le choc est d'abord culturel, et non pas urbain. Ces événements seront d'ailleurs le point de départ en 1983 de la Marche pour l'égalité et contre le racisme, baptisée « Marche des Beurs » par les médias, dont les revendications sont sociales et culturelles ; la question urbaine et celle des violences n'apparaissent qu'en second plan.

Le traitement médiatique et politique de ces événements modèle assez rapidement l'image-type d'un paysage angoissant, celui de grands ensembles de logements sociaux, souvent dégradés et où les violences sont récurrentes. Le discours sur l'« urbanisme criminogène » prend le pas sur la question sociale et culturelle. La loi d'orientation pour l'aménagement et le développement du territoire définira en 1995 ces quartiers difficiles comme des « zones sensibles se caractérisant par la présence de grands ensembles ou de quartiers d'habitat dégradés ». Plus tard, sur un même registre, on évoquera la question de la « concentration des difficultés », l'idée étant toujours d'aborder le sujet à travers un prisme urbanistique, qui suggère qu'il existe une volonté politique de concentrer les populations issues de l'immigration maghrébine dans des ghettos. La surreprésentation depuis trente ans des banlieues difficiles non seulement dans les médias, mais aussi dans le monde de la recherche impose alors le ghetto comme le paysage emblématique de la crise de la société française. La thématique banlieusarde est désormais omniprésente. Sur le sujet, la littérature, notamment sociologique, est prolifique. Il n'y a désormais plus un seul quartier sensible qui n'ait échappé à sa thèse, à sa recherche urbaine ; plus un seul îlot qui ne vive en permanence sous l'œil d'un observatoire local ou national. On connaît tout, absolument tout de ces territoires les plus étudiés de France ; de l'immeuble à l'îlot, rien n'échappe à l'analyse. Paradoxalement, cette attention extrême ne semble pas remettre en cause l'idée selon laquelle la banlieue resterait une « terra incognita » ; une idée très répandue qui permet au passage de faire perdurer la production de reportages sous prétexte d'investigations inédites ou de nouvelles recherches. Cette attention générale impose de fait les quartiers difficiles dans l'agenda des politiques. Pour l'année 2008, le journal *Le Monde* avait relevé que le seul département difficile de la Seine-Saint-Denis avait ainsi enregistré 174 déplacements ministériels [1].

Des « jeunes » dans le « ghetto »

On pourrait expliquer cette exploration en continu des quartiers difficiles par l'intérêt pernicieux de médias pour des territoires qui font vendre. L'explication est un peu courte. En réalité, cette attention médiatique est provoquée par le fantasme d'une classe dirigeante persuadée d'être face à l'apparition en France du « ghetto black

---

1. Luc Bronner, « Seine-Saint-Denis, l'envers du décor », *Le Monde*, 27 octobre 2009.

américain » et d'une jeunesse rebelle issue des minorités ethniques : la France est désormais face aux jeunes du ghetto. Problème, la banlieue française n'est pas le « ghetto black ». La jeunesse agitée et en décrochage des quartiers ne représente qu'une faible minorité des habitants. La question de la médiatisation de cette jeunesse des banlieues pose plusieurs questions. La première tient à la réduction de la population des quartiers sensibles aux seuls jeunes alors que la majorité de la population est composée d'adultes et de personnes âgées. Bref, les banlieues vieillissent aussi.

Les quartiers classés « sensibles » ne sont pas en effet des « fontaines de Jouvence ». Sur ces territoires, le vieillissement des populations n'est jamais évoqué. Si les adultes sont invisibles, les retraités n'existent pas. La part des plus de soixante ans progresse en fait rapidement dans la plupart des quartiers sensibles avec une « tendance à un rapprochement de la pyramide des âges des ZUS à celle de la France entière [1] ». En banlieue, il semble malgré tout que les jeunes restent toujours jeunes. On peut pourtant raisonnablement imaginer que biologiquement les jeunes qui ont pris part aux émeutes de 1979 à Vaulx-en-Velin ont désormais près de cinquante ans. Traînent-ils encore en bas de leurs immeubles ? Brûlent-ils encore des voitures ? Plus certainement, ils ont, *a priori*, fondé des familles, travaillent, et, pour beaucoup, ont quitté le quartier de la Grappinière.

L'association mentale « jeunes de banlieues » est si forte qu'il convient de rappeler une vérité qui s'applique y compris sur ces territoires : on vieillit aussi en banlieue ! Les jeunes d'aujourd'hui ne sont pas ceux d'hier

---

1. ONZUS (Observatoire national des zones urbaines sensibles), ministère de la Ville, DIV 2004.

et ne seront pas ceux de demain. Rappeler cette évidence n'est pas inutile à un moment où le jeunisme est devenu une valeur dominante et que la fascination (entre attraction et répulsion) du monde médiatique et politique pour la « jeunesse des banlieues » semble truster toute réflexion sur les autres tranches d'âge.

Le vieillissement dans le parc social est pourtant devenu un sujet de préoccupation pour l'ensemble des bailleurs sociaux. Le « papy-boom » des banlieues est en marche et le nombre de retraités pauvres, déjà en augmentation, risque de progresser très rapidement dans les prochaines années.

La réduction de la banlieue à la jeunesse tend également à imposer l'idée d'une réduction de la jeunesse à celle des banlieues. En 2006, Jean-Louis Borloo [1], alors ministre de l'Emploi, de la Cohésion sociale et du Logement, déclarait qu'il fallait « bien que les Français aient en tête une chose, c'est que l'avenir du pays se joue là ». Cette affirmation pose deux problèmes. Le premier est de considérer que 8 % de la population résume l'avenir d'un pays. Par ailleurs, si la part des moins de vingt ans est effectivement plus élevée en ZUS (30 % contre 25 % en moyenne en France), elle ne cesse de diminuer depuis 1990 au profit des plus de soixante ans dont le nombre a fortement augmenté dans ces quartiers depuis vingt ans. Le second est de se persuader que la jeunesse relative des banlieues, et au-delà des populations issues de l'immigration, pourra infléchir un processus de vieillissement qui, rappelons-le, est un processus inéluctable et quasiment mondial. Ce discours est caractéristique de l'amnésie française qui, après avoir oublié la classe ouvrière et plus généralement les catégories populaires,

---

1. « Complément d'enquête », France 2, 13 mars 2006.

est dans l'impossibilité désormais de concevoir une autre jeunesse, par exemple celle des espaces périurbains et ruraux, que celle, « vue à la télé », des quartiers sensibles.

L'affirmation selon laquelle la jeunesse des quartiers sensibles serait l'avenir de la France est évidemment généreuse, mais elle pose quelques questions de fond. La première est qu'affirmer que les quartiers sensibles, c'est-à-dire les territoires où les violences urbaines et aux personnes sont plus fréquentes [1], constituent l'avenir de la France est particulièrement anxiogène pour l'ensemble de la société. De la même manière, considérer que les jeunes des quartiers sensibles sont emblématiques de la jeunesse issue de l'immigration, alors même qu'une minorité d'entre eux vit dans ces quartiers, participe à la construction d'une représentation négative de l'ensemble des jeunes issus des minorités. On le voit, la démagogie sur la « jeunesse des quartiers » se révèle contre-productive, notamment au regard de l'objectif recherché, celui de favoriser l'intégration et de promouvoir une image positive des minorités. Cette représentation négative est renforcée par une utilisation sans modération du concept de ghetto pour décrire la réalité des banlieues françaises.

Le « ghetto black américain », en version française

En l'espace de quelques décennies, l'histoire urbaine et sociale de ces territoires a laissé la place à une représentation « à l'américaine », celle qui oppose le ghetto ethnicisé au reste de la société. La grille de lecture de la réalité banlieusarde est fondamentalement anglo-saxonne et

---

1. Observatoire national de la délinquance, enquête de victimation Insee-INHES/OND 2009 et ONZUS (Observatoire national des zones urbaines sensibles), rapport 2009.

américaine. Le modèle du ghetto américain a été d'autant plus rapidement adopté qu'il permet d'évoquer la crise des sociétés urbaines et multiculturelles. On peut s'étonner de la rapidité avec laquelle l'intelligentsia française, pourtant critique à l'égard du modèle anglo-saxon, a adopté une telle grille de lecture pour décrire une réalité sociale. S'il existe une Amérique racialiste qui rejette la communauté noire, la France ferait émerger une « société d'apartheid [1] » affirme la bien-pensance. Ce discours apparaît comme une critique à peine voilée du modèle républicain et égalitaire que nous connaissons.

L'idée de la ghettoïsation « à l'américaine » suggère en effet que l'État républicain a déserté ces territoires. Stigmatisées, reléguées, les banlieues seraient ainsi sous-équipées et l'État y serait moins présent qu'ailleurs. Cette affirmation ne correspond pas à la réalité. Si la permanence des difficultés sociales révèle une forme d'impuissance des pouvoirs publics, elle ne signifie pas pour autant que l'État s'est désengagé. D'ailleurs, ces territoires bénéficient le plus souvent d'une densité d'équipements publics supérieure à celle des territoires périurbains et ruraux. C'est dans cette optique que le sociologue Dominique Lorrain a réalisé une étude comparative [2] sur les investissements publics entre le quartier des Hautes-Noues à Villiers-sur-Marne et un quartier de la périphérie de Verdun. Dans les deux cas, les populations concernées sont modestes et/ou précaires et les taux de chômage sont élevés. La

---

1. Yazid Sabeg, commissaire à la diversité et à l'égalité des chances, a déclaré mercredi 21 janvier 2010 sur France Info que la France était sur la voie de l'« apartheid ».

2. Dominique Lorrain, « La dérive des instruments. Les indicateurs de la politique de la ville et l'action publique », *Revue française de science politique*, vol. 56, n° 3, juin 2006.

cité des Hautes-Noues est classée « sensible », tandis que le quartier de la périphérie de Verdun n'a jamais fait parler de lui. Première surprise, le revenu moyen par habitant du quartier sensible de Villiers-sur-Marne est de 20 % supérieur à celui de Verdun. L'auteur précise par ailleurs que les équipements culturels, les services publics et les facilités de transports sont moins fournis à Verdun : il faut compter trois heures pour rejoindre la métropole nancéenne contre vingt minutes pour rallier Paris depuis le quartier des Hautes-Noues. Enfin, et pour faire litière de l'idée d'un abandon des quartiers sensibles, le chercheur calcule le total des investissements publics par habitant. Le programme de réhabilitation dont bénéficie le quartier des Hautes-Noues prévoit une dotation de 12 450 euros par habitant tandis que le contrat de ville mis en place dans les quartiers de Verdun n'alloue que 11,80 euros par habitant. Les investissements publics étaient donc mille fois plus élevés dans le quartier sensible que dans les quartiers de Verdun pourtant socialement défavorisés ! Cet exemple, extrême, n'est certainement pas représentatif de la situation qui prévaut sur l'ensemble du territoire, mais vise, *a minima*, à démontrer, qu'à situation sociale égale, les pouvoirs n'ont pas choisi d'abandonner les ghettos. Au contraire, ces territoires jouissent pleinement d'une forme de discrimination positive. L'accentuation des opérations de démolitions-reconstructions initiées depuis 2004 confirme la poursuite de ces investissements massifs : environ 40 milliards d'euros seront investis d'ici à 2013 pour la rénovation urbaine de ces quartiers.

Répondre à la demande médiatique

Concernant les banlieues, la réalité des faits pèse peu face au bruit médiatique. Les relances en matière de politique de la ville ne sont pas l'aboutissement d'une pression syndicale ou d'un mouvement social, mais sont toutes consécutives à des périodes de tension ou d'émeutes urbaines médiatisées. Sans diagnostic, sans interlocuteurs représentatifs et face à des émeutes toujours plus spectaculaires, les pouvoirs publics initient des politiques qui ne sont pas des réponses à une « demande sociale » mais d'abord une réaction à une « demande médiatique ». Les émeutes de 2005 ont, par exemple, contribué à accélérer la mise en place d'une politique de discrimination positive.

Depuis les années 1980, les pouvoirs publics réagissent aux émeutes comme s'ils étaient face à un mouvement social structuré. Cette confusion entre délinquance et revendication sociale tend à légitimer la violence. Tout se passe comme si le système considérait l'« émeute urbaine » comme un mode d'expression sociale acceptable destiné à remplacer une médiation traditionnelle, quasi inexistante sur ces territoires. Cette légitimation des violences participe fortement à la construction du stéréotype du jeune de banlieue. La violence d'une minorité de délinquants est ainsi associée au mode de revendication de prédilection des jeunes banlieusards et même d'une majorité des habitants. Pis, l'association violence et jeunes issus de l'immigration maghrébine et subsaharienne est pour partie indirectement validée par les pouvoirs publics. Parce qu'elles se déploient comme une réponse aux violences médiatisées, les politiques publiques sont aussi des opérations de com'. Les opérations de démolitions-reconstructions entrent pour partie dans cette logique. La question sociale, pourtant déterminante comme on l'a vu, est le plus souvent délaissée pour donner la priorité à ce qui se voit. La manne de l'argent public investi dans les banlieues bénéficie ainsi plus aux entreprises de BTP et aux agences d'architecture qu'aux habitants. Les opérations de démolitions-reconstructions, qui entretiennent l'illusion de faire disparaître les difficultés, n'ont qu'un impact social limité. Elles donnent parfois l'opportunité à certains maires de disperser quelques familles immigrées, souvent africaines, dans des communes ou quartiers mitoyens, mais ne traitent aucune question de fond. Le comité d'évaluation et de suivi de l'Anru [1] a confirmé que les opérations de démolitions-reconstructions n'ont fait évoluer la population qu'à la marge puisque, dans les faits, 68 % des nouvelles habitations sont construites en zone urbaine sensible (ZUS) et près de la moitié dans la même commune. Ces opérations, souvent contestées par les habitants, représentent une forme d'apogée de la réponse politico-médiatique. Il s'agit de démontrer à l'opinion (surtout celle qui vit à l'extérieur des quartiers) que « les choses bougent » par la volonté politique. Quoi de plus médiatique qu'une démolition d'immeuble qui, de plus, permet à l'État de réaffirmer une forme d'autorité largement perdue sur ces territoires ? Les opérations policières sont à ce titre exemplaires d'une politique « sous influence médiatique ». Les services de police sont ainsi régulièrement mis à contribution dans le montage d'opérations « coup de poing », dont tous les criminologues expliquent qu'elles ne servent strictement à rien sur le plan sécuritaire.

L'absence de structures représentatives des habitants, et donc de contre-pouvoirs, laisse donc la place à des opérations médiatiques, peu en phase avec la réalité sociale. Ce déficit n'est malheureusement pas compensé

---

1. Rapport du Comité d'évaluation et de suivi de l'Agence nationale de rénovation urbaine (CES/Anru), avril 2010.

par une représentation municipale qui, le plus souvent, n'est élue que par une fraction très minoritaire d'une population qui ne prend plus guère part aux élections. Aux municipales de 2008, le maire de La Courneuve a été élu avec 3 665 voix, ce qui représente 49 % des suffrages exprimés, mais 26 % des inscrits et 9,6 % de l'ensemble de la population totale. Ce vide démocratique favorise au final le développement de politiques dont l'influence sur le réel sera faible.

Le piège de la médiatisation s'est peu à peu refermé sur la banlieue et ses habitants. Un point d'orgue a été atteint en 2005, où les « experts » invités à commenter la situation étaient le plus souvent issus du monde médiatique. Le seul fait de vivre ou d'avoir vécu en banlieue suffisait alors à rendre crédible l'« analyse ». Cette « illusion biographique [1] » permet de crédibiliser le spectacle. Après les rappeurs, un degré supplémentaire dans le ridicule fut atteint par la presse [2] qui sollicita sans retenue l'expertise du comique Jamel Debbouze. On allait enfin comprendre. Cette « pipolisation » de l'expertise de la question des banlieues parachève un processus de substitution de la question sociale et démographique au profit de l'analyse médiatique. Un phénomène qui touche moins d'autres territoires ou populations. Malgré leurs origines populaires, on n'a jamais demandé à Gérard Depardieu ou à Jean-Marie Bigard de commenter les délocalisations industrielles ou la dégradation des conditions de travail de la classe ouvrière.

---

1. Pierre Bourdieu, « L'illusion biographique », *Actes de la recherche en sciences sociales*, n° 62/63, juin 1986.

2. Dominique Dhombres, « Jamel Debbouze parle des banlieues », *Le Monde*, 13 décembre 2005.

2

La gauche française dans le ghetto

Après plusieurs décennies de médiatisation, les banlieues représentent le dernier horizon social de la classe politique, que la réalité des chiffres ne parvient pas à réfuter. Pour les prescripteurs d'opinions, ces territoires illustrent la question du chômage, notamment des jeunes, mais aussi de la pauvreté. S'il n'est pas contestable que les taux de chômage et de pauvreté (de 20 et 30 % en moyenne) sont effectivement très élevés dans ces quartiers, ils résultent d'abord d'un effet de concentration et de dynamiques sociales et démographiques spécifiques. L'importance du taux de pauvreté tend par exemple à occulter le fait que 85 % des ménages pauvres ne vivent pas dans les quartiers sensibles (cela n'est d'ailleurs pas illogique puisque les trois quarts des ménages pauvres ne vivent pas dans le parc social mais dans le parc privé, notamment dans le parc locatif où le revenu médian des ménages est inférieur à celui observé dans le parc social). De la même manière, si le taux de chômage en ZUS est en moyenne de 18 % contre 10 % pour l'ensemble de la France, cela ne signifie pas que la majorité des chômeurs ou des chômeurs de longue durée habitent dans un quartier sensible. De la même manière, encore un effet de la surmédiatisation, la question du chômage des jeunes diplômés, effectivement récurrente dans les quartiers sensibles, frappe aussi les espaces périurbains et ruraux.

La spécificité des quartiers sensibles est d'accumuler les difficultés, mais cela ne signifie pas qu'ils illustrent à eux tout seuls la question sociale. Les effets du chômage et de la précarité dépassent largement la question des banlieues. La géographie de la pauvreté en France [1] indique que les espaces les plus concernés par la précarité sont situés en dehors des grandes métropoles ; c'est par ailleurs sur ces mêmes territoires périurbains et ruraux que se diffuse le plus le chômage. Concentrée dans les grandes métropoles, dispersée sur les autres territoires, la question sociale n'épouse pas un territoire en particulier.

Il n'empêche que pour les prescripteurs d'opinions, il existe un « effet quartier » qui produirait les difficultés sociales. Cette analyse est renforcée par l'assimilation de ces quartiers à des univers quasi concentrationnaires où les habitants sont « assignés à résidence ». Peu importe que ces quartiers soient en réalité les territoires les plus mobiles de France : en 1999, le taux de mobilité des habitants atteignait 61 %, un record [2].

Difficile alors d'expliquer qu'habiter un logement social n'est pas une punition mais une chance dans un contexte où l'on compte 1,2 million de demandes de logement social, 10 millions de mal-logés [3] et où les indices fonciers et locatifs n'ont jamais été aussi élevés. Lorsqu'on évoque ces quartiers difficiles, il ne faut jamais perdre de vue que, dans les grandes métropoles, l'offre de logements destinés aux couches populaires tend à disparaître.

---

1. Christophe Guilluy et Christophe Noyé, *Atlas des nouvelles fractures sociales en France*, Autrement, 2006.
2. Ce qui signifie que 61 % des habitants de ZUS en 1999 sont arrivés entre 1990 et 1999.
3. Fondation Abbé Pierre, *Rapport mal-logement* 2010.

Difficile aussi de souligner l'importance de la nouvelle centralité des ZUS. Avec l'étalement urbain, les banlieues, hier « périphériques », se retrouvent situées au cœur des aires urbaines les plus riches et les plus actives de France. Les grandes métropoles, Paris et Lyon en tête, concentrent une part importante des quartiers difficiles. Cette nouvelle centralité place de fait les habitants au cœur de l'offre scolaire la plus riche et des marchés de l'emploi les plus dynamiques. Cette situation spatiale est à comparer avec l'éloignement d'espaces périurbains et ruraux. Elle ne garantit évidemment pas la réussite des individus mais rend ainsi possibles des ascensions sociales. C'est d'ailleurs ce à quoi on assiste à bas bruit à travers l'émergence d'une petite-bourgeoisie issue de l'immigration maghrébine et africaine et à l'explosion du nombre de jeunes diplômés originaires de ces quartiers ; un constat que masque la faiblesse relative des taux de diplômés enregistrés en ZUS. Cet indicateur ne dit rien du nombre de diplômés issus des zones sensibles puisque ces derniers, surtout lorsqu'il s'agit de diplômés d'études supérieures, sont les premiers à quitter ces quartiers.

Ces dynamiques positives, rarement évoquées, ne parviennent pas à remettre en cause les représentations figées d'une société française divisée entre ses ghettos et le reste du territoire. Dans cette vision, les rapports de classe disparaissent au profit d'un clivage entre des « *in* » et des « *out* », entre des territoires « *in* » et des territoires « *out* » où se concentrent les minorités ethniques. Les classes dirigeantes ont adopté très rapidement cette représentation qui évacue la question sociale et finit par imposer une lecture différentialiste et inégalitaire de la société française. C'est en effet à partir de cette thématique du ghetto, celle d'une société xénophobe qui « assigne à résidence » ses minorités, qu'on enregistre les premières attaques du modèle égalitariste républicain.

L'abandon de la classe ouvrière par les politiques

Pour le comprendre, il n'est pas inutile de rappeler le contexte politique dans lequel s'est imposée, notamment à gauche, la thématique du ghetto. À partir de 1983, la gauche opère son virage libéral. La réalité sociale d'un électorat ouvrier et populaire s'efface alors des discours, l'immigré remplaçant alors peu à peu la figure de l'ouvrier [1]. C'est entre 1979 et 1984 qu'éclatent les premières émeutes de jeunes issus de l'immigration maghrébine. Très vite, une partie de la gauche y voit le signe d'une nouvelle révolte sociale, celle d'un nouveau prolétariat.

En épousant l'économie de marché, les socialistes français adoptent aussi une sociologie « américaine », directement influencée par la question du ghetto. L'attention de plus en plus grande pour les banlieues et les minorités ira ainsi de pair avec une indifférence croissante pour la classe ouvrière en particulier et, plus massivement encore, pour les couches populaires des espaces périurbains et ruraux. Ce basculement du social vers le sociétal est corroboré par l'omniprésence du thème des banlieues et/ou de la question ethnique dans tous les discours politiques. La gauche française est ainsi dans le ghetto depuis trente ans. Ce basculement idéologique n'est pas spécifique à la gauche, mais concerne l'ensemble des classes dirigeantes. La gauche sociétale et la droite libérale s'accordent dans une même volonté d'abandonner en douceur le modèle égalitaire républicain. La crise des banlieues permet d'accélérer l'émergence de ce modèle où l'origine des individus et les communautés seront de plus en plus prises en compte.

---

1. Olivier Schwartz, Stéphane Beaud, Michel Pialoux, « La question ouvrière a été progressivement refoulée dans l'opinion », *Le Monde*, 6 mars 2001.

L'ensemble des classes dirigeantes de droite et de gauche en France se retrouve ainsi sur une même ligne idéologique. Quand le médiatique Bernard-Henri Lévy souligne que la question des banlieues est devenue « la » question sociale, il fait écho à Nicolas Sarkozy[1] qui expliquait en 2004 que désormais « le fils de Nicolas et de Cécilia a moins besoin d'être aidé par l'État que le fils de Mohamed et Latifa ». Dans les deux cas, les individus ne sont plus prioritairement définis par leur position sociale mais d'abord par une origine ethno-culturelle.

Cette approche n'est pas spécifiquement française, elle est celle des élites de l'ensemble des pays développés pour qui la question sociale doit s'effacer derrière celle des minorités. Dans ce système, le modèle républicain n'a évidemment plus sa place.

Le développement de la politique de discrimination positive engendrée par la crise banlieusarde illustre ce mouvement. Les gouvernements, et singulièrement la droite, cherchent à accélérer la mise en œuvre d'une politique de discrimination positive qui, malgré les démentis, est une politique de discrimination ethnique. Les postures républicaines ne trompent personne. Ainsi, tous les partisans de la discrimination positive expliquent sans rire qu'ils s'opposent à une discrimination positive de type « américain », c'est-à-dire fondée sur des critères ethniques, et qu'ils préfèrent appliquer des critères territoriaux qui favoriseront les habitants des quartiers sensibles. L'honneur républicain est donc sauf. Le problème est que la géographie de la politique de la ville a été construite à partir de données sociales mais aussi sur des critères de nationalité. En effet, le critère « étrangers » fait partie des indicateurs qui ont permis de tracer les

---

1. Université du MEDEF de 2004, *Libération*, 31 août 2004.

contours de la géographie prioritaire. Les étrangers étant majoritairement extra-européens, cette « discrimination territoriale » est, en France, le faux nez de la discrimination ethnique.

Dans les sociétés multiculturelles, le contrôle social passe de plus en plus par une approche ethnique de la question sociale. Ainsi, dans un contexte politique où la gestion des revendications communautaires et/ou ethniques devient prioritaire, le mouvement social n'a plus aucune pertinence. L'exemple de la discrimination positive appliquée aux grandes écoles est éclairant. La volonté de faire entrer plus de « diversité » à l'ENA ou à Sciences-Po n'a ainsi donné lieu à aucune réflexion de fond sur la crise de la mobilité sociale pour l'ensemble des milieux populaires. C'était pourtant l'essentiel. Le problème des grandes écoles ou de l'Assemblée nationale n'est pas prioritairement celui de la diversité ethnique mais celui de la diversité sociale. Si les élites sont prêtes à s'ouvrir à la diversité ethnique, peu considèrent la diversité sociale, qui remettrait en cause un système dont elles bénéficient, comme une priorité. La discrimination ethnique pose pourtant un problème de justice sociale. En effet, si les élites françaises sont, pour l'heure, encore « blanches », l'immense majorité des « Blancs » ne fait pas partie des classes supérieures et encore moins des élites.

Les quartiers sensibles ne représentent que 7 % de la population, mais leur influence médiatique, culturelle et idéologique est considérable. L'instrumentalisation politique des banlieues participe non seulement à l'échec des politiques publiques sur ces territoires, mais aussi à la difficulté d'établir un diagnostic à partir des dynamiques sociales démographiques qui traversent ces quartiers depuis trente ans.

3

L'AUTRE DIAGNOSTIC

La mobilité résidentielle des gens vivant dans les quartiers sensibles est une des clés de la compréhension des banlieues. On ne peut entamer le moindre diagnostic sans souligner ce constat essentiel : ces territoires sont les plus mobiles de France. C'est d'ailleurs l'importance de cette mobilité qui explique pour partie la persistance des difficultés. Les rapports consacrés à « l'état des ZUS » confirment cette réalité en publiant chaque année des taux de chômage et de pauvreté désespérément élevés. Les dynamiques démographiques et migratoires sont rarement invoquées comme causes explicatives de l'incrustation des difficultés sociales.

En effet, selon la date d'observation, ce ne sont pas les mêmes habitants qui résident en ZUS. Une dégradation ou une stagnation des indicateurs socio-économiques de ces quartiers entre deux dates ne reflète donc pas nécessairement une évolution des conditions de vie des populations présentes en début de période mais résulte aussi des changements induits par la mobilité résidentielle. La comparaison d'un taux de chômage dans un quartier à un intervalle de temps donné n'a aucune signification. Le chômeur d'aujourd'hui n'est pas celui d'hier. Le jeune chômeur de vingt ans des années 1980 a plus de quarante ans aujourd'hui. Il n'est sans doute plus chômeur et a très certainement quitté son quartier, trouvé du travail et fondé une famille sur un autre territoire.

L'analyse des dynamiques urbaines et démographiques montre que la population des quartiers mais aussi le contexte urbain ne sont absolument plus les mêmes que dans les années 1980. On peut ainsi dire qu'en trente ans, dans les quartiers sensibles, tout a changé sauf la politique de la ville. À quelques détails près : le diagnostic de 2010 ressemble à s'y m'éprendre à celui de 1980.

Le contexte urbain a pourtant radicalement évolué. Les quartiers de banlieue, hier situés à l'extérieur des grandes villes, se retrouvent aujourd'hui au centre des aires urbaines les plus importantes. Cette centralité nouvelle est rarement prise en compte. Le contexte économique a lui aussi totalement changé. Hier insérés dans un tissu économique, industriel et un marché de l'emploi diversifié où les emplois peu qualifiés et industriels étaient encore nombreux, les quartiers de logements sociaux sont désormais immergés dans un marché de l'emploi métropolitain très qualifié. Le peuplement a lui aussi très sensiblement évolué. L'immigration familiale s'étant peu à peu substituée à une immigration de travail, les flux migratoires en direction des quartiers sensibles se sont précarisés et féminisés.

En quelques décennies, tout s'est donc transformé mais pas le diagnostic. Tout se passe comme si les pouvoirs publics préféraient se reposer sur la thématique du ghetto plutôt que de s'interroger sur des choix économiques et sociétaux à l'origine de la crise.

L'analyse de trois exemples parmi cent autres permet d'établir un autre diagnostic : la déconnexion au marché de l'emploi métropolitain des catégories populaires, la fonction d'accueil des populations immigrées et l'insécurité. Trois points sur lesquels la responsabilité des classes dirigeantes est particulièrement engagée.

La déconnexion au marché de l'emploi de populations peu ou pas qualifiées

Il s'agit de « la » question centrale dans toutes les grandes métropoles. Le marché de l'emploi des grandes agglomérations n'a cessé de se spécialiser vers les secteurs de l'économie qui demandent le plus de qualifications. Mécaniquement, les habitants peu qualifiés des quartiers de banlieue se trouvent peu à peu marginalisés sur le marché de l'emploi. La plupart des quartiers de logements sociaux des grandes villes avaient été créés pour répondre au besoin de logements d'une main-d'œuvre employée sur un marché de l'emploi local, essentiellement industriel. La désindustrialisation des grandes villes a inévitablement provoqué la disparition d'un marché de l'emploi primordial pour ces catégories sociales.

Cette déconnexion s'est accentuée dans les années 1970 et 1980 avec l'arrivée de populations immigrées peu ou pas qualifiées et le passage d'une immigration de travail à une immigration familiale. Contrairement à la situation qui prévalait jusqu'aux années 1970, les immigrés affluent désormais non plus sur des territoires et des communes où le besoin de main-d'œuvre faiblement qualifiée est fort, mais au contraire dans les zones où le chômage est déjà très élevé. Si le lien entre immigration familiale et l'accentuation de l'évincement du marché de l'emploi est un élément essentiel de compréhension de la dynamique sociale, il faut aussi prendre en compte les effets de la spécialisation du marché de l'emploi métropolitain.

À l'échelle de la métropole parisienne, le département de la Seine-Saint-Denis illustre parfaitement ce phénomène. Le département enregistre depuis une dizaine d'années une croissance économique remarquable, basée sur le développement des activités tertiaires métropolitaines ; cet ancien département industriel ne compte désormais plus que 100 000 emplois dans l'industrie contre 500 000 dans le tertiaire. Le PIB par habitant classe la Seine-Saint-Denis parmi les quinze départements les plus riches de France. Du fait de sa nouvelle centralité, la Seine-Saint-Denis s'inscrit désormais dans le cœur de l'aire urbaine parisienne. Ce département attire de plus en plus de sièges sociaux et d'entreprises de pointe. La création d'emplois y est considérable, notamment dans le secteur de la Plaine-Saint-Denis. Pourtant, ce boom économique ne semble pas bénéficier aux habitants peu ou pas qualifiés. L'essentiel du recrutement de ces entreprises nouvellement installées dans le département s'effectue à l'échelle de la région, et au-delà, et ne concerne que des candidats très qualifiés. Le paradoxe tient au fait que le développement économique renforce ici le processus de relégation de certains quartiers.

La situation est d'autant plus critique que les dynamiques migratoires montrent que les nouveaux arrivants dans les quartiers sensibles restent le plus souvent des immigrés, précaires et peu qualifiés. Cette situation est confirmée par les chiffres de l'OCDE qui attestent que les deux tiers des immigrés arrivant en France ont un niveau d'éducation inférieur au premier cycle des collèges, contre 30 % seulement pour la Grande-Bretagne et 22 % pour les États-Unis [1]. Les conséquences sont

---

1. Michel Godet, « L'immigration dévoilée », *La Tribune*, 9 mai 2008.

connues : le taux de chômage est en moyenne deux fois plus élevé pour les immigrés que pour les nationaux [1]. L'immigration la plus récente et extra-européenne, celle qui se concentre dans les quartiers sensibles, est la plus concernée [2].

Des sas entre le Nord et le Sud

La question de l'intensité des flux migratoires est essentielle pour la compréhension de la crise des banlieues ; c'est un élément qui occupe une place négligeable dans la plupart des diagnostics consacrés aux quartiers sensibles. Ce point permet pourtant de comprendre que la « fonction » des quartiers sensibles a totalement changé depuis trente ans.

Sous le double effet de la métropolisation et de la transformation de l'immigration de travail en immigration familiale, ces territoires sont pour partie devenus des sas entre le Nord et le Sud ; c'est aujourd'hui leur principale fonction. Ce constat, que les politiques répugnent à assumer, s'applique à une part croissante des ZUS situées dans les grandes agglomérations. Le parc de logements sociaux mais aussi le parc privé dégradé, comme c'est le cas pour les copropriétés de Clichy-sous-Bois, ont permis d'accueillir une part importante des vagues migratoires depuis la fin des années 1970 jusqu'à nos jours.

Analyser, encore aujourd'hui, la situation de ces quartiers en chaussant les lunettes des années 1970 relève d'une forme de gâtisme. Les sempiternelles comparaisons entre la situation des habitants des années 1970 et ceux d'aujourd'hui occultent une réalité beaucoup plus prosaïque. La fonction des quartiers de logements sociaux

---

1. Site de l'OCDE : www.oecd.org
2. Insee, Enquête Emploi en continu (moyenne 2003-2005).

des grandes métropoles n'est plus d'accueillir des petites couches salariées en phase d'ascension sociale comme c'était le cas dans les années 1960 mais de répondre à l'arrivée de nouvelles couches populaires le plus souvent précaires, parfois primo-arrivants, et sans formation. Le débat n'est donc plus de savoir comment revenir à une situation antérieure mais d'assumer ou non cette nouvelle fonction. L'importante mobilité dans les ZUS illustre ce rôle de sas où des ménages précaires viennent régulièrement prendre la place d'autres qui peuvent quitter ces quartiers. Ce « mouvement perpétuel » est engagé dans tous les quartiers sensibles des grandes villes ; partout des primo-arrivants, légaux ou illégaux, et/ou des ménages précaires viennent prendre la place de ménages en phase d'intégration sociale et celle des jeunes diplômés. Car contrairement aux idées reçues, les quartiers et communes sensibles sont très attractifs ! C'est d'ailleurs un point que l'on n'aborde jamais, mais il faut savoir que les bailleurs sociaux de banlieue sont submergés par les demandes de logements. En Seine-Saint-Denis, La Courneuve, pourtant considérée comme sensible, est l'une des communes du département qui reçoit le plus de demande de logements. Évidemment, ces territoires n'attirent pas les classes moyennes ni les ménages en phase d'ascension sociale, mais il n'en demeure pas moins que ces quartiers contribuent à répondre à la demande de logements d'une part importante de la population.

Cette spécialisation des ZUS dans l'accueil des populations immigrées, souvent jeunes, explique leur évolution démographique particulière. L'accroissement naturel y est ainsi beaucoup plus élevé que la moyenne nationale. C'est d'ailleurs souvent le nombre élevé de naissances et l'importance du nombre de jeunes dans certaines ZUS qui contribuent à fragiliser les finances des communes.

L'exemple de la commune de Grigny dans l'Essonne illustre parfaitement l'impact de l'immigration sur ce type de quartier. Dans cette ville de 26 000 habitants, 40 % de la population a moins de vingt ans et on y recense près de 750 naissances par an, soit un millième des naissances françaises [1] ! Par ailleurs, la ville compte officieusement une part importante d'« hébergés » ou clandestins (on pense que le chiffre de la population « réelle » avoisinerait les 30 000 habitants), ce qui pose de sérieux problèmes de gestion des services sociaux mais aussi scolaires : on estime que 15 % des élèves ont des parents clandestins. La commune ne peut faire face à cette situation et a d'ailleurs été mise sous tutelle de l'État en 2009. Si la situation de Grigny reste exceptionnelle, elle met en lumière la nouvelle fonction des ZUS. Une fonction d'accueil « de fait » d'une immigration essentiellement familiale, que les pouvoirs publics semblent « gérer » au fil de l'eau.

Si la nouvelle fonction de sas entre le Nord et le Sud des ZUS est source de difficultés, elle participe au processus de mondialisation des métropoles. Ce dernier est toujours décrit « par le haut ». Les métropoles se mondialisent en intégrant l'économie-monde et ses secteurs les plus actifs. On oublie que cette intégration se réalise aussi « par le bas », avec l'accentuation des flux migratoires et les connexions économiques et culturelles qu'elles induisent. Souvent présentés comme culturellement relégués, ces quartiers sont en réalité au cœur de la dynamique de mondialisation des métropoles.

---

1. Luc Bronner, « La descente aux enfers de Grigny », *Le Monde*, 26 août 2009.

L'inscription des banlieues à un espace culturel mondialisé est bien sûr favorisée par le rétrécissement des distances ; Alger, Tunis, Rabat ou Bamako ne sont plus qu'à quelques heures de Paris.

Ce constat remet sensiblement en cause une mythologie de l'immigration forgée dans l'histoire des vagues migratoires des XIXe et XXe siècles. L'éloignement géographique et culturel était en fait plus important pour un Breton arrivant à Paris au XIXe siècle, que pour un Algérien vivant actuellement à Marseille ou à Roubaix. À l'heure des compagnies low-cost, d'Internet et des TV satellitaires, le déracinement devient relatif et ce d'autant plus que l'immigration familiale favorise les regroupements dans des espaces culturels proches de celui du pays d'origine.

L'arrachement à la « terre d'origine » est un concept des XIXe et XXe siècles. La réalité de l'immigration d'aujourd'hui est qu'en se déplaçant, l'immigré renforce son intégration à l'économie-monde et aux logiques de la mondialisation libérale. Les débats consacrés à l'échec de l'intégration ne soulignent pas assez que la dynamique migratoire ne s'inscrit plus dans un contexte national. Les métropoles dans lesquelles s'installent les nouveaux arrivants sont déjà mondialisées, la référence à la Nation y est faible. C'est cette « mondialisation/dénationalisation » des métropoles qui nourrit celle des quartiers et par extension le développement du communautarisme.

Si la déconnexion au marché de l'emploi et la nouvelle fonction d'accueil des flux migratoires permettent de mieux comprendre l'impact de la métropolisation et de la mondialisation sur les banlieues, elles n'expliquent pas l'évitement dont elles font l'objet ni l'image négative qu'elles véhiculent. On analyse souvent l'insécurité comme une conséquence de la dégradation sociale des quartiers sensibles ; elle est en réalité la principale cause des difficultés et de l'image dégradée des minorités dans l'opinion.

Accélérateur des difficultés sociales, l'insécurité est aussi à l'origine de la représentation négative des minorités

Tous les gouvernements, sans exception, ont échoué sur cette question de l'insécurité en banlieue. Cet échec de l'État dans l'une de ses principales missions régaliennes a des conséquences considérables non seulement sur la spécialisation démographique et sociale de ces quartiers, mais aussi sur la cohésion nationale tout entière.

On analyse souvent la fuite des classes moyennes des banlieues comme un refus de vivre avec des populations immigrées. Cette thèse revient à dire que les gens qui quittent ces territoires et/ou les collèges où vont étudier les enfants d'immigrés sont avant tout racistes. Peu importe qu'aujourd'hui, ces quartiers soient fuis ou évités par des ménages issus de l'immigration, l'idée selon laquelle les catégories les mieux intégrées chercheraient à fuir les « pauvres » ou les « minorités » reste au cœur du diagnostic de la politique de la ville. Ce n'est pourtant pas le racisme mais l'insécurité qui est la principale cause de la fuite des fameuses classes moyennes. De la même manière, l'échec des politiques de réhabilitation est d'abord une conséquence de l'incapacité de l'État à enrayer la délinquance et le développement de l'économie informelle. Car, on l'oublie parfois, les quartiers dits sensibles le sont précisément parce que ces territoires enregistrent depuis trente ans une surdélinquance par rapport aux autres. Cette surdélinquance touche l'ensemble de l'espace public, des halls d'immeubles aux établissements scolaires et publics, jusqu'aux transports qui traversent ces quartiers.

Sidérés par une violence qu'ils croyaient disparue, les pouvoirs publics ont longtemps nié l'existence d'une telle situation. La spécificité démographique de ces territoires, qui concentrent non seulement les minorités mais aussi des populations issues des anciennes colonies, rend de fait très sensible et symbolique la question du maintien de l'ordre. Ne sachant comment répondre au développement de la délinquance et des violences urbaines, les pouvoirs publics ont utilisé la politique de la ville comme une réponse symbolique. Le lien entre délinquance et politique de la ville est avéré : tous les plans de relance ont ainsi été initiés après des actes de violence ou d'émeutes urbaines. Si la réponse sociale à une question sociale semble pertinente, elle permet rarement de régler la question de la délinquance. Le gouvernement Jospin (1997-2002) avait ainsi espéré que sa politique volontariste de réduction du chômage affaiblirait du même coup la délinquance. Malheureusement, les bons résultats en matière de chômage n'eurent aucune incidence sur le taux de délinquance qui au contraire a explosé pendant cette période. Indispensable, le traitement social et urbain des quartiers n'a pourtant eu aucun effet sur une délinquance générée par une économie informelle. Quelques exemples permettent de mesurer l'importance d'une économie qui empêche l'État de reprendre pied dans ces quartiers.

Le criminologue Xavier Raufer [1] estime ainsi que l'économie souterraine de la région Rhône-Alpes représente la quatrième industrie locale, devant l'informatique et l'activité plasturgique. Un ancien commissaire de la PJ

---

1. « C dans l'air », France 5, novembre 2007.

donne la mesure du trafic dans la seule ville de Grenoble : « Il faut 10 tonnes de haschich par an pour approvisionner cette ville de 300 000 habitants qui accueille 60 000 étudiants. Le gâteau que se disputent les gangs avoisine les 40 000 euros par jour[1] ! » Dans une enquête réalisée à Sevran dans le quartier sensible des Beaudottes, on estimait que chaque cage d'escalier générait 3 000 euros net par jour[2]. D'autre part, il apparaît que bon nombre d'activités légales de ces territoires sont liées indirectement à ces trafics. Les profits colossaux doivent impérativement être blanchis, c'est pourquoi l'argent est souvent investi dans des commerces de quartier, des restaurants, des bars ou des sociétés de location de voitures de sport. À ce titre, un commissaire de police du département de la Seine-Saint-Denis[3] précisait il y a peu que « ces voitures de luxe servent lors des fêtes tapageuses d'une nouvelle génération de voyous des cités qui n'hésitent pas à s'offrir des hôtels de luxe et des croisières, alors qu'ils pointent officiellement au chômage. Je n'ai jamais vu autant de Ferrari et de Lamborghini que lors de certains mariages ». Cette question du business est sérieuse. Il s'agit d'une économie puissante et beaucoup plus attractive pour certains qu'un emploi de smicard. La protection de ces activités très lucratives est une nécessité pour ceux qui en profitent ; elle est à l'origine d'une montée en intensité de la violence entre bandes.

L'économie informelle crée un contexte délinquant qui, au quotidien, rend la vie impossible à une majorité

---

1. Cité par Jean-Marc Leclerc, « Les caïds de cité succèdent aux Italo-Grenoblois », *Le Figaro*, 5 août 2010.

2. Cécilia Gabizon, « Comment Sevran est devenu la cité de la drogue », *Le Figaro*, 11 septembre 2009.

3. *Ibid.*

d'habitants. L'Observatoire national de la délinquance révèle ainsi que les victimes de violences et d'atteintes aux biens résident en majorité dans les zones sensibles. C'est dans ces quartiers que l'on ressent le plus l'insécurité. C'est la raison pour laquelle les gens souhaitent les quitter ou ne pas s'y installer. C'est aussi pour cette raison que les grandes opérations de réhabilitation échouent à rénover l'image de ces territoires.

Face à cette réalité de la délinquance, les objectifs de mixité semblent dérisoires. On peut même parler d'un certain cynisme des pouvoirs publics qui incitent les classes moyennes à vivre dans ces quartiers alors même qu'ils n'ont pas été capables de freiner la montée d'une délinquance qui est la cause principale de ces comportements d'évitement. En réalité, cette réaction est rationnelle. Les « gens » ne souhaitent pas vivre à côté « d'autres gens » qui utilisent parfois des kalachnikovs pour régler leurs différends. C'est naturel. Ces mêmes « gens » ne souhaitent pas non plus scolariser leurs enfants dans des collèges susceptibles d'accueillir des adolescents violents.

À la fois cause et conséquence des difficultés sociales, l'incrustation des violences et de l'insécurité voue à l'échec toutes les politiques publiques. Pis, la permanence depuis vingt ans d'une surdélinquance dans des quartiers où se concentrent des populations issues de l'immigration a alimenté la perception négative des minorités ethniques. L'échec de l'État en matière de lutte contre l'insécurité a des conséquences non seulement sur les conditions de vie des habitants, mais aussi sur la cohésion nationale. On ne souligne pas assez l'impact de l'incapacité de l'État à juguler la délinquance dans des quartiers où se concentre une part importante des jeunes issus de l'immigration maghrébine et subsaharienne. En réalité, cette question déborde la seule thématique sécuritaire.

Contrairement à ce que laissent entendre les faux débats sur le sujet, la surdélinquance des populations issues de l'immigration, notamment jeunes, est une réalité bien connue. La littérature consacrée à la surdélinquance des immigrés italiens, polonais ou irlandais aux États-Unis est abondante. Dans tous les cas, deux causes contribuent à accentuer cette surdélinquance : l'importance des flux migratoires et l'absence de maîtrise de cette immigration. Or nous sommes précisément dans cette configuration pour ce qui concerne l'immigration récente en France, la concentration de ces flux sur certains territoires venant accentuer les difficultés.

Si la délinquance des étrangers est reconnue en tant que telle, celle de l'origine des délinquants est évidemment plus sensible. Certains fichiers de police permettent d'aborder la question [1] mais aucune statistique officielle ne vient établir précisément cette réalité. Des travaux de sociologues permettent toutefois de cerner la question. Sébastian Roché, partant du constat que les données socio-économiques ne suffisent pas à tout expliquer, a travaillé sur l'origine des délinquants. Dans une étude [2] réalisée en 1999 auprès de 2 300 jeunes de treize à dix-neuf ans essentiellement d'origine maghrébine et habitant les agglomérations de Grenoble et de Saint-Étienne, le sociologue montre que cette surdélinquance des jeunes d'origine étrangère se vérifie pour les jeunes issus de familles modestes (ouvriers, employés) mais aussi pour

---

1. Notamment le fichier Canonge, qui comporte l'état civil, la photo et la description physique très détaillée des personnes « signalisées » lors de leur placement en garde à vue. Laurent Chabrun et Romain Rosso, « L'origine des délinquants », *L'Express*, 7 février 2006.
2. Sébastian Roché, Laboratoire CNRS-IEP Grenoble. Étude publiée dans « Délinquance et socialisation familiale : une explication limitée », *Dossiers d'études de la CNAF*, n° 93, septembre 2008.

ceux ayant un père cadre ou de profession intermédiaire. Dit autrement, il apparaît que l'élévation dans la hiérarchie sociale préserve moins de la délinquance les enfants d'étrangers que ceux nés de parents français.

Les travaux du sociologue Hugues Lagrange [1] permettent, quant à eux, de mettre en évidence la corrélation entre les territoires de la violence urbaine et les quartiers où se concentrent les dernières vagues migratoires. La géographie des émeutes du début des années 1980 et celle des années 1990 correspondent pour partie aux quartiers et zones industrielles qui ont accueilli dans les années 1960 et 1970 une main-d'œuvre originaire du Maghreb, notamment d'Algérie. En 2005, la géographie des émeutes montre une surreprésentation des territoires où s'est concentrée une partie de l'immigration subsaharienne. Les troubles ont été les plus intenses dans des zones urbaines accueillant une forte proportion de familles africaines de plus de six enfants.

Ce constat posé, on peut s'étonner que les pouvoirs publics n'aient pas cherché à réduire efficacement une délinquance minoritaire, mais dont les effets négatifs pénalisent la majorité des habitants de ces quartiers et, par extension, l'ensemble des populations issues de l'immigration maghrébine et africaine.

Si la responsabilité de l'État est engagée, le discours des médias et des associations renforce ces perceptions négatives. En survalorisant l'image du « délinquant rebelle » et, pis, en attribuant aux émeutiers l'image gratifiante de représentants d'une lutte sociale fantasmée par les élites, le monde médiatique et associatif – mais aussi certains chercheurs – favorisent l'amalgame entre d'un

---

1. Hugues Lagrange, « Émeutes, rénovation urbaine et aliénation politique », *Revue française de sciences politiques*, vol. 58, n° 3, 2008.

côté « violence et délinquance » et, de l'autre, « jeune Maghrébin et jeune Noir ». Vingt années de médiatisation du « Beur ou du Black », délinquant et violent mais finalement représentatif d'une communauté ou d'un quartier, ont été et restent encore dévastatrices. La plus forte discrimination des Maghrébins et des Noirs, en matière de logement et d'emploi, en est une des illustrations évidentes.

Le niveau élevé du taux de chômage des jeunes d'origine subsaharienne et maghrébine s'explique en partie par le manque de formation et l'échec scolaire. Cependant, ces deux facteurs ne suffisent pas à justifier l'importance de l'écart entre le taux de chômage de cette population et celui des jeunes d'origine européenne ou asiatique [1]. Précisons par ailleurs, ce qui atténue la dimension racialiste de l'observation, que le chômage concerne prioritairement les jeunes hommes. Ce constat met en évidence le poids des représentations négatives fortement influencées par la surdélinquance masculine, certes minoritaire, mais dont l'impact rejaillit sur l'ensemble des jeunes hommes concernés.

Les pouvoirs publics ne mesurent peut-être pas à quel point l'échec des gouvernements dans la lutte contre l'insécurité, notamment dans les quartiers sensibles, participe au développement de la méfiance entre individus et parfois entre communautés. La situation est d'autant plus critique qu'on assiste dans le même temps à une forte augmentation des violences physiques à l'échelle nationale. En 2009, l'enquête de victimisation de l'Insee réalisée pour le compte de l'Observatoire national de la délinquance estimait que près de 2 millions de personnes avaient été victimes de violences physiques. Dans ce total,

---

1. Insee, Enquête Emploi en continu, 2003-2005.

les agressions physiques hors ménages et hors vols ont augmenté de 11 % entre 2006 et 2009 pour concerner 850 000 personnes. Ce type de violences ne concerne pas seulement les quartiers sensibles, mais elles y sont surreprésentées. Elles traduisent non pas un « sentiment d'insécurité », mais une insécurité généralisée. Dans un contexte où l'association délinquance/minorités ethniques s'impose de plus en plus, il ne faut pas s'étonner que cette insécurité remette en cause la cohésion nationale.

Pour clore ce chapitre, et si l'on accepte d'oublier un instant les représentations médiatiques et caricaturales pour considérer la fonction de « sas » des banlieues, il est possible d'évaluer différemment la politique de la ville. La permanence des flux migratoires induit mécaniquement des difficultés sociales spécifiques à ces lieux qui attirent des populations précaires et qui subissent le départ de ménages actifs et de jeunes diplômés. Dans ce contexte, il est injuste d'évaluer la politique de la ville à l'aune de l'évolution des taux de chômage. En réalité, et compte tenu de la forte mobilité de la population depuis vingt ans, on peut affirmer que, sur ces territoires, l'État républicain n'a pas démissionné. Les pouvoirs publics, et notamment les services sociaux, n'ont en réalité cessé de s'adapter et de répondre à une demande sociale de plus en plus forte et spécifique. Les indicateurs sociaux « en stock » et autres tableaux de bord passent sous silence cette réalité. De la même manière, l'évolution du profil des habitants du parc de logements sociaux ne dit rien de l'investissement, en général sans faille, des bailleurs sociaux. On pourrait multiplier les exemples qui démontrent que la République a été vaillante, et notamment souligner l'investissement du personnel de l'Éducation nationale. Les professeurs et les instituteurs ont ainsi contribué à multiplier le nombre de diplômés dans ces quartiers. Le rapport 2009 des ZUS précisait que le taux de réussite au brevet des collèges était passé de 67,2 % en 2004 à 71,9 % en 2008. On peut évidemment s'interroger sur le niveau de ce brevet ; il faut surtout rappeler que ce résultat est obtenu avec des élèves beaucoup plus difficiles. Mais comme pour les politiques sociales, le public ne retiendra que le chiffre des jeunes en échec scolaire, chiffre qui sera considéré comme le signe patent de l'échec global de la politique scolaire.

Dans le même registre, la mobilité sociale des habitants est rarement évoquée. Elle est pourtant une réalité en banlieue. D'abord pour les étrangers et notamment primo-arrivants qui en s'arrachant à la réalité sociale de leur pays d'origine s'inscrivent de fait dans une dynamique d'ascension. Ce processus est souvent suivi d'une mobilité scolaire, puis, et même si celle-ci ne touche qu'une infime fraction de la population, d'une mobilité sociale. Mais sur ce point, il faut rappeler que la faiblesse de la mobilité sociale des jeunes issus de l'immigration n'est pas une spécificité, elle est la norme dans l'ensemble des milieux populaires.

La mobilité sociale et scolaire n'est pas le seul indicateur qui permette de réévaluer positivement l'investissement public. L'accession à la propriété des ménages, qui s'accompagne souvent d'un départ du quartier, traduit aussi un mouvement positif. On ne dispose pas de chiffres globaux sur les ménages issus des quartiers difficiles qui ont accédé à la propriété, mais certaines enquêtes permettent d'éclairer ces réussites invisibles. Une enquête consacrée à la ville de Gonesse et de ses environs montre avec précision la réalité d'un mouvement d'accession au rêve pavillonnaire de familles immigrées issues de quartiers difficiles [1].

---

1. Marie Cartier, Isabelle Coutant, Olivier Masdet et Yasmine Siblot, *La France des « petits-moyens »*, La Découverte, 2008.

De la même manière, on parle peu d'une autre forme d'accession qui est celle de l'achat d'un bien dans le pays d'origine. L'accès à la propriété « au pays » a longtemps mesuré la réussite sociale des immigrés. La littérature consacrée aux investissements immobiliers des Aveyronnais, Bretons ou Portugais est par exemple très abondante. On parle peu, en revanche, des achats immobiliers des immigrés non européens dans leur pays d'origine. L'Insee précise que l'importance de ces investissements à l'étranger explique en partie la faiblesse relative des taux d'accession dans le pays d'accueil [1]. Les investissements « au pays » des Maghrébins sont ainsi très fréquents. Comme le relevait un sondage paru dans *Le Courrier de l'Atlas* [2], on estime que 40 % des Maghrébins ont des biens immobiliers dans leur pays d'origine et 32 % comptent en avoir. Bien que ces résultats soient des estimations nationales et ne concernent pas exclusivement la population des ZUS, on peut s'étonner que ce signe de réussite sociale soit si rarement évoqué, comme s'il ne fallait surtout pas associer l'immigration des quartiers sensibles, et plus généralement l'immigration maghrébine, à la réussite sociale.

Cette réussite sociale, ainsi que celle des jeunes diplômés qui quittent les quartiers, n'est que trop rarement évoquée. Elle prouve pourtant que la réalité des quartiers difficiles ne se réduit pas aux mauvais indicateurs statistiques. Les quartiers difficiles peuvent aussi constituer de possibles « territoires tremplins ». Il est possible de sortir du ghetto intellectuel et médiatique.

---

1. Insee, Enquête Logement, 2006.
2. « Maghrébins de France, comment vivent-ils ? » *Le Courrier de l'Atlas*, juin 2007.

4

LE TEMPS DES MINORITÉS ET DES MAJORITÉS RELATIVES

La comparaison de la situation banlieusarde à celle des « ghettos noirs américains » est à l'origine d'un grand malentendu sur la question des minorités ethniques en France. Aux États-Unis, la population noire représente une part stable, environ 12 %, de la population, qui n'a pratiquement pas évolué depuis deux siècles. Il s'agit donc d'une minorité « structurelle ». La situation est précisément inverse en France où la part des minorités visibles augmente régulièrement pour constituer, ici ou là, des « minorités relatives », voire des « majorités relatives ». Cette dynamique est d'autant plus remarquable qu'elle est portée par une immigration récente et un accroissement naturel important. La confusion entretenue entre la situation de la minorité noire aux États-Unis et celle des minorités françaises révèle la difficulté de considérer les Maghrébins et les Noirs de France non comme des minorités structurelles (donc destinées à le rester), mais comme le moteur d'une révolution démographique.

La France se caractérise aujourd'hui par une grande instabilité démographique, l'équilibre traditionnel entre « minorités » et « majorité » est de plus en plus instable. L'enjeu des prochaines décennies sera précisément de gérer une période incertaine où les minorités et les majorités deviennent relatives.

La question du rapport entre minorité et majorité n'est pas seulement une question « technique », mais recouvre une dimension politique. Dans un contexte où le « sociétal » prend le pas sur le « social », la question de la domination culturelle de la majorité revêt une importance particulière. Les rapports de classes n'étant plus pris en compte, le « dominant » se confond souvent avec le « majoritaire ». Dans cette perspective, les minorités ethniques s'apparentent au groupe des « dominés ». Cette représentation ethno-culturelle des nouveaux rapports sociaux structure en filigrane les discours politiques.

Dans ces conditions, évoquer la fragilité du rapport entre majorité et minorités revient à remettre en cause une stratification à l'origine de politiques publiques ; c'est le cas par exemple des mesures en faveur de la discrimination positive. Comment légitimer une politique qui favorise des minorités si celles-ci ne sont que relatives ? Paradoxalement, le « statut majoritaire » peut s'avérer pénalisant, surtout pour les milieux populaires, qui sont majoritaires sans faire pour autant partie de la classe dominante.

La mondialisation libérale, qui a contribué à diffuser largement l'insécurité sociale à l'ensemble des catégories populaires, est aussi à l'origine d'une instabilité démographique source d'« insécurité culturelle » dans ce même milieu ; une insécurité qui s'exprime derrière les débats controversés de l'intégration ou de l'identité nationale.

Le bouleversement démographique

Jusqu'au début des années 1970, l'immigration était essentiellement une immigration de travail, composée généralement d'hommes seuls et issus de pays européens. Sa répartition sur le territoire était directement liée aux zones d'emplois industriels et agricoles. Avec la fin de l'immigration de travail en 1974, on assiste à une mutation considérable de la nature et de la répartition de la population. L'immigration devient familiale, se féminise et s'oriente prioritairement, non vers des zones d'emplois, mais d'abord vers des quartiers où se concentrent déjà des populations immigrées[1]. L'origine de ces immigrés, européenne hier, est de plus en plus extra-europénne. Les chiffres les plus récents de l'Insee[2] montrent que les immigrés viennent de plus en plus des pays du Maghreb, d'Afrique subsaharienne et de Turquie. Entre 1999 et 2005, le nombre d'immigrés d'Algérie a ainsi augmenté de 105 000 personnes, ce qui représente un accroissement de 18 %. D'après le chercheur (décrié) Jean-Paul Gourévitch[3], le taux d'accroissement de la population extra-européenne et d'origine extra-européenne serait en moyenne trois à quatre fois plus important que celui de l'ensemble de la population.

L'apparition de la dimension ethnoculturelle du fait migratoire provoque rapidement des questions sur le poids des minorités visibles. Si certains chercheurs ont avancé le chiffre de 8 millions de personnes, ce recensement pose des questions de fond. Jusqu'à quand est-on extra-européen ? Au bout de combien de générations et/ou d'unions mixtes cesse-t-on de l'être ? La descendance d'un couple mixte est-elle d'origine extra-européenne ?

---

1. Selon la définition de l'Insee, un immigré est une personne née étrangère à l'étranger et résidant en France. Certains immigrés sont devenus français, d'autres sont restés étrangers.
2. Insee, France, portrait social, 2009.
3. Jean-Paul Gourévitch, Les *Africains de France*, Acropole, 2009.

En réalité, il est peu probable que l'on arrive un jour à une évaluation acceptable tant la question est aujourd'hui politisée et manipulée. Les « entrepreneurs communautaires [1] » cherchent ainsi à surévaluer le poids des minorités pour peser politiquement. C'est le cas par exemple du Conseil représentatif des associations noires de France (CRAN) qui estime à 5 à 6 millions le nombre de Noirs en France quand les démographes évaluent ce nombre à 3,5 millions [2]. Dans le même registre, l'ancien ministre délégué à la Promotion de l'égalité des chances (juin 2005-avril 2007) Azouz Begag [3] regrettait en 2007 que « les prochaines législatives ne devraient guère faire entrer plus de six députés d'origine arabe ou africaine à l'Assemblée pour une population issue de l'immigration de plus de 15 millions de personnes en France ». Plus fébrile encore, le CSA publiait en 2008 une étude sur le manque de représentativité des minorités visibles à la télévision et chiffrait à 11 % la présence des « non-Blancs » dans les séries télévisées. Compte tenu des données chiffrées disponibles, cette part constituerait une... surévaluation.

Si le débat byzantin et politique sur la nécessité de produire des statistiques ethniques a le mérite d'aborder la dimension ethnoculturelle de la nouvelle immigration, il ne doit pas nous éloigner de la question cruciale de l'intensification des flux migratoires.

---

1. Julien Landfried, *Contre le communautarisme*, Armand Colin, 2007.
2. Michèle Tribalat, « Statistiques : la question des minorités en France », *Le Figaro*, 18 novembre 2008.
3. « Azouz Begag las de passer pour "l'Arabe de service" », *Le Figaro*, 25 octobre 2006.

L'intensification des flux migratoires

Dans un essai publié en 2007, le démographe François Héran [1] soulignait l'importance considérable de l'immigration dans l'accroissement en cours ou à venir de la population. « Le mouvement est en marche et rien ne semble susceptible de l'arrêter, sinon une imprévisible catastrophe. Le brassage va progresser, et rien ne l'arrêtera, donc il vaut mieux s'y préparer que d'essayer de nier la réalité. » Cette observation est d'autant plus pertinente qu'elle s'inscrit dans une dynamique mondiale où la population est passée de 3 à 7 milliards en cinquante ans et où le continent africain a franchi le seuil du milliard d'habitants. Ce continent, où 43 % de la population a moins de quinze ans, abrite l'essentiel des candidats au départ vers l'Europe. Prenant en compte ces évolutions, le démographe précise qu'il est fort probable que la France ressemblera demain à la population actuelle de l'île de la Réunion. Si personne n'est en mesure de valider cette hypothèse, cette comparaison permet de souligner l'importance de la dimension ethnoculturelle des nouveaux flux migratoires.

Cette question reste un sujet sensible et parfois manipulé. L'Insee a ainsi dû reconnaître en 2006 qu'elle avait minimisé ses chiffres [2] sur l'immigration. Pour les démographes sérieux qui travaillent sur le sujet, l'information n'était pas une surprise ; en revanche, la reconnaissance tardive démontrait [3] « officiellement » que la question des flux migratoires en France restait un tabou, comme si les pouvoirs publics estimaient que la population

---

1. François Héran, *Le Temps des immigrés*, Le Seuil, coll. « La République des idées », 2007.
2. Insee Première, n° 1098, août 2006.
3. *Ibid.*

n'était pas encore mûre pour accepter la révolution démographique en cours. Le problème est que cette incertitude entretenue sur les chiffres autorise la multiplication de discours contradictoires. De l'« immigration-invasion » comme l'avait définie l'ancien président de la République Valéry Giscard d'Estaing [1] à l'« immigration positive » de l'ancien ministre Jack Lang [2], comment interpréter le chiffre de 5 millions d'immigrés officiellement présents sur le territoire ?

L'idée selon laquelle l'immigration se serait stabilisée ne résiste pas à l'analyse objective de l'évolution des chiffres publiés par l'Insee. La démographe Michèle Tribalat [3] observe ainsi une augmentation de 25 % du nombre d'immigrés entre 1982 et 2006. Après une phase de stabilisation de 1975 à 1999, la France a en effet renoué avec une forte immigration étrangère, ce qui a porté la proportion d'immigrés à 8,2 % en 2006, soit la plus forte de son histoire. Sur les dix dernières années, la France a accueilli un peu moins de 200 000 étrangers légaux par an. Les chiffres les plus récents publiés par le ministère de l'Immigration, de l'Intégration, de l'Identité nationale et du Développement solidaire en janvier 2010 montraient que 173 991 étrangers étaient entrés légalement en France en 2009. Une part très minoritaire (entre 7 et 15 % selon les années) de ces entrées concerne l'immigration de travail ; l'immigration familiale et universitaire génère l'essentiel des flux. Le ministère de

---

1. Valéry Giscard d'Estaing, « Immigration ou invasion ? », *Le Figaro Magazine*, 21 septembre 1991.

2. Jack Lang, Hervé Le Bras, *L'Immigration positive*, Odile Jacob, 2006.

3. Michèle Tribalat, *Les Yeux grands fermés. L'Immigration en France*, Denoël, 2010.

l'Immigration précise par ailleurs que 108 274 personnes ont été naturalisées en 2009.

Par définition, ces chiffres officiels ne disent rien de l'immigration illégale. Cependant, à l'époque où Nicolas Sarkozy était en charge de l'Intérieur, ses services avaient estimé à environ 100 000 les arrivées de nouveaux clandestins chaque année. Une autre évaluation a été réalisée par l'actuel conseiller au cabinet de la Présidence pour les questions d'immigration, Maxime Tandonnet[1]. À partir de la délivrance des 2 millions de visas courts (séjours de trois mois), les fameux « visas Schengen », le chercheur évalue à 10 % le taux d'« évaporation » de ces personnes entrées sur le territoire ; il estime par ailleurs que 80 % des sans-papiers sont arrivés en France avec des visas de tourisme. Parallèlement, les déboutés du droit d'asile (en moyenne 80 000 chaque année) viennent eux aussi grossir les rangs de ces clandestins. La réduction du nombre d'immigrés illégaux est une préoccupation de tous les gouvernements. C'est pourquoi, après avoir pratiqué des « régularisations massives », difficiles à assumer politiquement, les gouvernements régularisent « au fil de l'eau[2] ». Cette gestion « invisible » des clandestins permet de gérer dans l'ombre une immigration qui n'est plus maîtrisée.

Pour résumer, et si l'on s'en tient aux 174 000 entrées légales et à la fourchette d'estimation des illégaux qui varie entre 70 000 et 150 000 par an[3], nous sommes bien en présence de flux d'entrées importants et continus.

---

1. Maxime Tandonnet, *Migrations, la nouvelle vague*, L'Harmattan, 2003.

2. « Plus de 20 000 sans-papiers régularisés en 2009 », *Le Monde*, 21 décembre 2009.

3. Évaluations des ministères des Affaires sociales et de l'Intérieur.

Une nouvelle immigration

L'analyse de l'accroissement naturel par département permet de mesurer l'impact de la nouvelle immigration sur le territoire. Certains départements se distinguent ainsi par un solde naturel très positif[1]. Les huit départements qui ont enregistré le plus fort accroissement naturel correspondent aux sept départements franciliens, la Seine-Saint-Denis en tête, et au département du Rhône. Tous ces départements correspondent aussi aux départements qui accueillent les plus fortes concentrations de populations étrangères. En Île-de-France, on estime que 45 % des naissances sont le fait de parents issus de l'immigration (contre 25 % en France).

Les contrastes d'accroissement démographique s'expliquent par les variations des taux de fécondité. Dans les départements ruraux, le taux de fécondité en 2005 était de 1,69 enfant par femme contre 1,92 pour l'ensemble de la France métropolitaine. On observe aussi des écarts importants dans les départements urbains. Le département urbain des Alpes-Maritimes enregistre ainsi un taux de fécondité inférieur à la moyenne nationale tandis que celui de la Seine-Saint-Denis atteint 2,42 enfants par femme, ce qui constitue le taux le plus élevé. Les départements urbains qui enregistrent les plus forts accroissements naturels et les taux de fécondité les plus élevés correspondent aux territoires d'accueil de l'immigration la plus récente.

Le professeur Gérard-François Dumont, directeur de la revue *Population et Avenir*, souligne dans son numéro

---

1. Insee, Recensement de la population totale en 2006, et « Recomposition du territoire : les douze France », *Population et Avenir*, n° 694, septembre-octobre 2009.

de janvier 2007 la spécificité des taux de fécondité des femmes issues de l'immigration non européenne. Le taux de natalité national de deux enfants par femme ne serait atteint que grâce aux femmes maghrébines (3,25 enfants), africaines (4,07), turques (3,35) et asiatiques (2,83). Soulignons cependant que la fécondité des femmes immigrées décroît rapidement au fur et à mesure des générations pour se rapprocher de la moyenne de l'ensemble de la population. Plus généralement, le taux de fécondité des populations issues de l'immigration tend progressivement à se rapprocher de celui des Françaises d'origine.

5

Comment je suis devenu blanc

Le changement de nature et d'origine de l'immigration a fait surgir une question à laquelle la France n'était pas préparée, celle de l'ethnicisation des territoires. La croissance des minorités visibles et leur concentration ont imposé une thématique avec laquelle la République est mal à l'aise.

La volonté de « déconcentrer » les populations qui vivent dans les quartiers sensibles, c'est-à-dire sur les territoires les plus ethnicisés, révèle la difficulté d'accepter une des conséquences de la nouvelle immigration. La confusion entre « ethnicisation », qui décrit une dynamique, et « ghettoïsation » montre l'écart qui existe encore entre des discours bienveillants sur la diversité et l'impossibilité de prendre en compte les impacts de l'immigration.

Officiellement, la République ne reconnaît ni les communautés ni l'origine ethnique, mais officieusement, la question est plus complexe. Avec la crise des banlieues, la « question ethnique » a été associée à une « question territoriale », celle des quartiers sensibles. Ce prisme territorial a permis d'aborder sans l'énoncer une thématique que la République répugnait légitimement à aborder. Le sujet reste cependant tabou. On a encore des difficultés à prononcer les mots « Arabe », « Noir » ou « Blanc », auxquels on préférera « Beur », « Black » ou « Gaulois ».

Occultée ou euphémisée, cette problématique n'en est pas moins structurante des nouvelles représentations de la société. « Off », les élus abordent ces points sans difficulté.

On se souvient d'un documentaire où un élu, le député-maire d'Évry, Manuel Valls (PS), arpentait les allées d'une brocante de sa ville fréquentée essentiellement par des populations maghrébines et noires [1]. Sachant que le marché allait être filmé, il glisse à son directeur de cabinet qui l'accompagnait : « Belle image de la ville d'Évry » (le téléspectateur comprend que trop de « Noirs ou d'Arabes » donne une mauvaise image de la ville). Puis il ajoute : « Tu me mets quelques Blancs, quelques Whites, quelques Blancos. » À aucun moment, le maire ne parle de mixité sociale ou de nationalité, mais bien de l'origine ethnique de la population. Ce faisant, il confirme ce que tous les élus savent : que la question des banlieues ne se résume pas à une dimension sociale et urbaine mais qu'elle a aussi un prolongement « ethnoculturel ». Commentant par la suite cette scène, Manuel Valls explique qu'il voulait exprimer sa crainte que « la ville, tout à coup, [ne soit] que cela, que cette brocante... ». Dans la foulée, il rappelle qu'il est lui-même issu de l'immigration et qu'il prône la « diversité » et le « mélange », mais pas le « ghetto ». La personnalité du maire d'Évry n'est évidemment pas en cause, il n'y a pas d'« affaire Valls », et il importe peu que cette phrase ait été prononcée par un élu de gauche ou de droite. Ce commentaire « off » illustre cependant à merveille la difficulté des élus à aborder cette question. Les maires

---

1. « Politiquement parlant », Direct 8, juin 2009. Voir Dailymotion : http://www.dailymotion.com/video/x9jtav_manuel-valls-aimerait-plus-de-blanc_news.

notamment savent pourtant que le processus d'ethnicisation constitue un risque de communautarisation des territoires et de fragmentation de la société.

En réalité, si les élus parlent toujours comme des « républicains », ils pensent déjà en terme de communautés, et leurs représentations sociales sont désormais aussi ethniques.

L'ethnicisation de « l'autre »

Le « dérapage » de Valls illustre aussi la relativité des concepts de minorités et de majorités. Le maire d'Évry parle des « Blancs ». Il donne ainsi une existence ethnique à une « minorité invisible », celle qui tend à disparaître des quartiers les plus sensibles. Sur ces territoires, les minorités et majorités deviennent relatives. L'émergence d'un groupe « Blancs » est une nouveauté. Dans un pays traditionnellement hermétique à la racialisation des rapports sociaux, ces propos montrent que l'émergence d'une société multiculturelle et multiethnique tend à imposer mécaniquement aux individus des identités ethniques ; y compris à des groupes ou à des citoyens qui ne s'y réfèrent pas.

Cette ethnicisation de « l'autre » est d'autant plus sensible qu'elle se réalise à un moment où le sentiment d'appartenance à la Nation recule. Le fait d'être ou non « français » pèse ainsi de moins en moins face au sentiment d'appartenance culturelle ou ethnique. Ce processus d'ethnicisation de « l'autre » permet non seulement de le maintenir à distance, mais aussi de se définir. Si l'ethnicisation des minorités « maghrébines » et « noires » par la majorité « blanche » est connue, en revanche l'ethnicisation des « Blancs » dans les quartiers à forte population immigrée est rarement prise en compte. Dans les quartiers et villes multiculturels, les « Blancs », hier « Français » ou « Gaulois », sont pourtant de plus en plus désignés comme « Blancs », parfois comme « colons ».

Cette tendance est le signe d'une profonde régression et indique peut-être les prémices d'un changement de modèle, le citoyen laissant la place à un individu qui se définirait d'abord par ses origines ethniques. Si le poids de l'Histoire (les guerres de Religion, la colonisation, la période de Vichy) et le cadre républicain empêchent encore cette dérive, l'évolution est préoccupante. De plus en plus de jeunes font la découverte d'une identité ethnique à laquelle ils ne s'étaient jamais référés. En effet, le sentiment « minoritaire » exacerbe la question ethnique. C'est vrai pour les minorités visibles ; c'est désormais le cas pour les « Blancs » qui vivent dans les mêmes quartiers, parfois en minorité. Ce constat n'est pas le signe d'un basculement racialiste de type américain, mais il montre que l'instabilité démographique contribue à façonner une identité ethnoculturelle.

En évoquant la présence, ou l'absence, des « Blancs », Manuel Valls a posé en réalité la question de la cohésion sociale et de son corollaire : pourquoi les « Blancs » quittent-ils les quartiers ethnicisés, et surtout pourquoi ne s'y installent-ils plus ? S'agit-il de racisme, d'un refus du « vivre ensemble », de la peur d'être ostracisés ou simplement d'un refus de se sentir minoritaire ? Il est d'autant plus urgent de répondre à ces questions que les dynamiques migratoires montrent que le processus d'ethnicisation des territoires va se poursuivre et qu'il s'accompagnera de plus en plus d'une substitution de population.

À partir d'un fichier de l'Insee nommé Saphir, les démographes Bernard Aubry et Michèle Tribalat [1] ont

---

1. Michèle Tribalat, « Les concentrations ethniques en France », *Agir*, n° 29, janvier 2007.

pu analyser l'évolution entre 1968 et 2005 de la part des jeunes de moins de dix-huit ans d'origine étrangère. Ce fichier qui prend en compte le pays de naissance des parents permet d'étudier l'évolution de la part des jeunes d'origine étrangère, c'est-à-dire « vivant avec au moins un parent immigré », dans la société française. *A contrario*, les enfants « d'origine française » vivent avec des parents nés en France. Pour la première fois, une étude consacrée aux flux migratoires permettait de cerner la question de la concentration ethnique et le processus de substitution de population. Ainsi, les chercheurs expliquent l'augmentation de 45 % des jeunes d'origine étrangère entre 1968 et 1999 par la conjonction de la baisse du nombre d'enfants de parents nés en France de parents français (-14 %) et de la hausse du nombre de ceux de parents immigrés (+33 %). On observe par ailleurs sur la même période que la part des jeunes originaires d'Europe du Sud a fortement diminué tandis que celle des jeunes d'origine maghrébine était multipliée par 2,6.

Si la situation de l'Île-de-France est exceptionnelle du fait de la très forte concentration de la population étrangère [1] et de la taille de l'agglomération parisienne, elle n'en illustre pas moins un processus qui touche l'ensemble des grandes villes. La région parisienne enregistre le plus grand nombre d'arrivées de populations étrangères, notamment en provenance du Maghreb, d'Afrique subsaharienne, de Turquie et d'Asie. Dans le même temps, cette région compte aussi le plus grand nombre de départs d'individus d'origine française ou européenne, souvent ouvriers et employés. Ce « chassé-croisé » entre d'une part des couches populaires d'immigration récente et extra-européennes et d'autre part les

---

[1]. 40 % de la population étrangère vit en Île-de-France.

catégories populaires et moyennes d'origine française et d'immigration ancienne décrit une dynamique de substitution de population et d'ethnicisation à l'échelle de la région-métropole.

Le département de la Seine-Saint-Denis est emblématique de ce basculement démographique. Entre 1968 et 2005, la part des jeunes d'origine étrangère [1] est passée de 11,5 % à 18,1 % en France, de 16 % à 37 % en Île-de-France et 18,8 % à 50,1 % (en 1999) en Seine-Saint-Denis. Dans le même temps, toujours en Seine-Saint-Denis, la part des enfants dont les deux parents sont nés en France n'a cessé de décroître : la déperdition totale a été de 41 % contre 13,5 % au niveau national. La Seine-Saint-Denis a ainsi perdu 110 000 enfants de deux parents nés en France et a gagné 103 000 enfants dont l'un des deux parents est né en France. La provenance des enfants d'origine étrangère s'est aussi modifiée sensiblement. La proportion de jeunes d'origine maghrébine a été multipliée par trois (de 7,7 % à 20,5 %) en trente ans, tandis que celle des jeunes d'origine subsaharienne, quasiment nulle en 1968, est passée à 12 % en 1999. Pour la démographe Michèle Tribalat, la conjonction « d'une formidable croissance de la jeunesse d'origine étrangère et d'un recul de celle d'origine française » traduit, dans ce département, un processus de substitution.

L'analyse de l'évolution du peuplement de quelques communes d'Île-de-France permet de mesurer l'ampleur de cette révolution démographique où les minorités d'hier sont devenues majoritaires. Quelques exemples donnent à saisir l'importance du phénomène. Entre 1968 et 2005, la part des jeunes d'origine étrangère est

---

1. Bernard Aubry et Michèle Tribalat, « Les jeunes d'origine étrangère », *Commentaires*, n° 126, juin 2009.

passée de 22 à 76 % à Clichy-sous-Bois, de 23 à 75 % à Aubervilliers, de 22 à 74 % à La Courneuve, de 23 à 71 % à Grigny, de 12 à 71 % à Pierrefitte-sur-Seine, de 30 à 71 % à Garges-lès-Gonesse, de 28 à 70 % à Saint-Denis, de 19 à 67 % à Saint-Ouen, de 20 à 66 % à Sarcelles, de 17 à 66 % à Bobigny, de 21 à 66 % à Stains, de 21 à 65 % à Villiers-le-Bel, de 12 à 65 % à Épinay-sur-Seine, de 10 à 65 % à Mantes-la-Jolie, de 14 à 64 % à Pantin, de 16 à 63 % à Bondy, de 18 à 62 % aux Mureaux, de 19 à 62 % à Sevran et de 9 à 61 % à Trappes. Compte tenu de l'intensité des flux migratoires, les communes de la région parisienne sont les plus concernées, mais les métropoles régionales enregistrent aussi des transformations rapides. La banlieue lyonnaise est évidemment concernée, notamment Vaulx-en-Velin, où la part des jeunes d'origine étrangère est passée de 41 à 61 %.

Cette liste non exhaustive fait essentiellement état de banlieues classées sensibles. Ces communes sont effectivement celles où la part des jeunes d'origine étrangère est la plus forte. Mais il apparaît que cette évolution démographique dépasse désormais le cadre des seules banlieues sensibles et concerne des communes et quartiers plus « bourgeois » de villes-centres. Contredisant l'association entre ethnicisation et paupérisation, on remarque ainsi que certains territoires bénéficient dans le même temps d'un processus d'embourgeoisement et d'ethnicisation.

Gentrification et ethnicisation

La question de l'ethnicisation des territoires est le plus souvent associée à celle de la paupérisation, jamais à celle de la « gentrification », c'est-à-dire de l'embourgeoisement des quartiers populaires des grandes villes. Les évolutions récentes montrent qu'en réalité, l'embourgeoisement de certains quartiers populaires de grandes villes peut s'accompagner d'une forte dynamique migratoire.

Dans les quartiers en voie de gentrification, le processus de substitution de population est plus complexe qu'en banlieue. Il se réalise en milieu populaire avec le départ (ou la disparition) de populations d'origine française et l'arrivée de populations étrangères. Contrairement à la situation des quartiers sensibles, cette dynamique n'aboutit pas par une spécialisation ethnique du territoire en question. L'arrivée massive de catégories supérieures, cadres et professions intellectuelles supérieures, contribue dans le même temps à un renouvellement par le haut d'une partie de la population. Immigration et gentrification participent au renouvellement de la population de ces quartiers. Ces ajustements influencent la composition démographique singulière de ces territoires.

La ville de Paris intra-muros a vu la proportion de jeunes d'origine étrangère augmenter sensiblement, avec notamment des jeunes originaires du Maghreb, d'Afrique subsaharienne et de Turquie, qui représentaient plus d'un jeune sur cinq en 1999 contre un jeune sur quinze en 1968. La démographe Michèle Tribalat précise qu'en 1999, la proportion de jeunes d'origine maghrébine, africaine ou turque était comprise entre 30 % et 40 % dans les arrondissements du nord-est de Paris contre à peine 10 % en 1968. En 1999, la part des jeunes d'origine étrangère était supérieure à 50 % dans les IIe, X^e, XVIIIe et XIXe arrondissements. Cela est d'autant plus remarquable que ces quartiers se sont fortement embourgeoisés. Des communes en voie de gentrification de la première couronne parisienne, comme Montreuil, Saint-

Ouen ou Ivry-sur-Seine, enregistrent des évolutions similaires. Ces transformations démontrent que les dynamiques de substitution de population et d'ethnicisation des territoires ne se limitent pas à des territoires en voie de paupérisation mais concernent des quartiers plus prospères.

Vers une nouvelle répartition territoriale

Si la concentration des populations étrangères et d'origine étrangère est toujours une réalité, les évolutions récentes montrent aussi un processus de dispersion à l'œuvre en direction des territoires où leur représentation était faible [1].

Bernard Aubry et Michèle Tribalat [2] révèlent ainsi que la progression de la part des jeunes d'origine étrangère entre 1968 et 2005 dépasse en moyenne les 40 % dans les régions du Grand Ouest. Dans le Maine-et-Loire, ils observent qu'en 1968, à peine plus d'un jeune sur cent était d'origine étrangère. Trente-sept ans plus tard, c'est le cas d'un jeune sur 14. Cela s'est traduit à Angers même par le passage de la part des jeunes d'origine étrangère de 3 % à 16 %. Plus de 7 % des jeunes Angevins sont d'origine maghrébine et un peu plus de 4 % d'origine subsaharienne (soit à peu près comme à Lyon). Dans le Loir-et-Cher, le pourcentage de jeunes d'origine étrangère est passé de 4 % à 13 % et, dans la préfecture (Blois), l'évolution a été particulièrement spectaculaire. En 1968, 5 % seulement de la jeunesse blésoise était

---

1. Christophe Noyé et Christophe Guilluy, « Cartographie de la dispersion de la population étrangère », *Atlas des nouvelles fractures sociales en France*, Autrement, 2006.

2. Bernard Aubry et Michèle Tribalat, *op. cit.*

d'origine étrangère. Trente-sept ans plus tard, c'est le cas d'un tiers d'entre elle. Ils sont, pour l'essentiel, d'origine maghrébine, subsaharienne ou turque. À Blois, 6 % des jeunes sont d'origine turque.

À l'échelle nationale, on remarque que les territoires les plus concernés par la progression des jeunes d'origine étrangère se différencient de plus en plus des territoires où se concentrent les populations issues de l'immigration. De la concentration à la dispersion, la nouvelle répartition de ces jeunes contredit l'idée d'une population recluse dans les villes et quartiers d'immigration ancienne. Si ces dynamiques concernent des flux encore limités, elles décrivent un mouvement de fond, d'autant plus remarquable qu'il concerne les vagues d'immigration les plus récentes.

À partir du fameux fichier Saphir, qui recense la nationalité des parents, il est possible de démontrer, par exemple, que depuis 1990, la part des jeunes d'origine maghrébine augmente en dehors des zones de concentration traditionnelle (Sud-Est et Île-de-France notamment) : le Centre, les Pays de Loire et la Bretagne sont les premières régions concernées. De la même manière, si la densité en région parisienne des jeunes d'origine subsaharienne reste très forte, on observe cependant une diffusion en direction des régions Centre et dans les Pays de Loire, singulièrement dans la région nantaise. Très présents en Alsace, Lorraine, Franche-Comté, Rhône-Alpes et dans le sud de l'Île-de-France, les jeunes d'origine turque voient aujourd'hui leur part sensiblement augmenter dans le Limousin et en Bretagne. Il est inutile de multiplier les exemples. Il est clair que l'on assiste à une diffusion et une banalisation de la nouvelle immigration à l'ensemble du territoire, des grandes agglomérations aux villes de 30 000 à 100 000 habitants. Ce processus contribuera sans nul doute à remettre peu à peu en cause l'association entre jeunes d'origine immigrée et quartiers sensibles, quartiers où, rappelons-le, ne vivent plus que 20 % des immigrés.

L'évolution du marché immobilier et les nouvelles stratégies résidentielles renforcent la dynamique de dispersion. Les populations immigrées développent en effet des stratégies résidentielles très variées, qui évoluent avec le temps et s'adaptent à l'offre locale de logements. En Île-de-France, où le parc social est totalement saturé, les stratégies résidentielles passent aussi par le logement privé dégradé et parfois par l'accession à la propriété. Dans les régions et grandes villes de l'Ouest, le parc social offre encore des opportunités. Plus largement, la métropolisation et l'étalement urbain participent fortement à cette dynamique. Le développement de l'accession à la propriété en zone périurbaine mais aussi le redéploiement de l'offre sociale en dehors des villes favorisent la dispersion des couches populaires, d'origine immigrée ou non.

Des enquêtes de l'Insee et de l'ORIV [1] montrent que si la concentration des étrangers dans le parc social restait une réalité, le nombre des propriétaires immigrés connaissait dans le même temps une forte progression. Le rapport cite l'exemple des immigrés turcs qui, dans plusieurs régions de l'Est, ont acheté de grands bâtiments dont les appartements sont loués à des compatriotes. Ce phénomène est particulièrement visible en Alsace, où la communauté turque est très présente dans de petites et moyennes communes où l'immobilier reste abordable.

---

1. Insee, « Les logements des étrangers », 2004 ; Cahiers de l'ORIV, « La situation des étrangers par rapport au logement : zoom sur la population turque », février 2003.

La réalisation de ces projets immobiliers est conditionnée à la mobilisation du réseau familial et communautaire qui permet non seulement d'obtenir le montage financier, mais aussi de mener à bien les travaux de réhabilitation.

Les dynamiques migratoires récentes confirment la dimension ethnoculturelle de la nouvelle immigration. L'intensité des flux et leur répartition contribuent à modifier le rapport entre « minorités » et « majorité ». Désormais, et en fonction des territoires, le rapport peut s'inverser. Dans ce contexte, la représentation d'une société divisée entre des exclus issus des minorités ethniques et une majorité d'inclus est de moins en moins pertinente. Cette vision est d'autant moins juste que la conception d'une classe moyenne majoritaire et intégrée est aujourd'hui erronée.

6

LA SURVIVANCE DU MYTHE
DE LA CLASSE MOYENNE

Pourquoi le mythe de la classe moyenne survit-il à un moment où tous les indicateurs sociaux font état de son éclatement ? Quelle est sa véritable fonction dans une société mondialisée et multiculturelle ? Emblématique de la période de croissance des Trente Glorieuses, de la méritocratie républicaine et de l'ascenseur social, la classe moyenne apparaît aujourd'hui comme une « classe-refuge », un palier sociologique protecteur face à la montée de l'insécurité sociale et à l'émergence de la société multiculturelle.

Il semble évident que le sentiment d'appartenance à la classe moyenne n'est plus seulement lié à un processus d'ascension sociale ou à un niveau de vie, mais à la volonté de se démarquer d'une autre France, celle des banlieues. Une guerre des caricatures a lieu : entre « classe moyenne » d'un côté et « banlieues des minorités » de l'autre. La classe moyenne, notamment celle de la France pavillonnaire, apparaît ainsi comme la face positive d'une pièce où la banlieue et les minorités symboliseraient la face noire. Dans cette représentation, les quartiers sensibles se définissent comme des « territoires sans classes moyennes ». Par extension, ou plutôt par un subtil glissement sémantique, la classe moyenne est devenue la catégorie de « ceux qui n'habitent pas dans les quartiers sensibles ». Les banlieues deviennent les territoires de « ceux qui n'accéderont jamais à la classe moyenne ».

Ainsi, et alors que le concept de « classe moyenne » perd sa pertinence à mesure que s'opère le déclassement des couches moyennes salariées, il conforte sa pertinence culturelle en intégrant les uns par l'exclusion des autres. Initialement perçue comme un concept « rassembleur », la classe moyenne participe désormais au renforcement des fractures socioculturelles. Ce constat est d'autant plus inquiétant que la perception de cette classe s'est peu à peu « ethnicisée ». Car si la classe moyenne n'habite pas les quartiers sensibles, elle désigne aussi en filigrane « ceux qui n'appartiennent pas aux minorités visibles ». La survivance de la notion de classe moyenne n'est désormais plus liée à l'évolution d'indicateurs sociaux objectifs mais de plus en plus à des représentations puisées dans le vivier idéologique de la société multiculturelle.

La classe moyenne existe-t-elle encore ? De nombreux sociologues émettent en effet quelques doutes quant à l'existence de cette classe sociale. Pour le sociologue Robert Rochefort, la classe moyenne s'est émiettée [1]. Quelle est la pertinence d'une classe sociale découpée en « classes moyennes inférieures », « classes moyennes intermédiaires » et « classes moyennes supérieures », sous-catégories qu'il convient par ailleurs de distinguer selon que l'on appartient au service public ou privé ? Aujourd'hui, des ménages modestes ou aisés, dont les revenus mensuels vont de 1 100 à 4 400 euros, peuvent faire partie de la classe moyenne.

---

[1]. Robert Rochefort, ancien directeur général du Crédoc, *Le Point*, 26 juin 2008.

Le niveau du salaire médian permet d'y voir plus clair. Depuis 2000, ce salaire médian mensuel stagne autour de 1 500 euros : 50 % des salariés se situent au-dessus, 50 % en dessous. Une majorité de Français vit donc avec moins de 2 000 euros par mois. Évidemment, il existe une infinité de situations, selon que l'on appartienne au secteur privé ou public, selon que l'on vit ou non en couple, avec un ou deux salaires, avec ou sans enfants, selon que l'on est locataire ou propriétaire, que l'on vit dans une grande ville ou non. Une majorité de Français boucle de plus en plus difficilement leurs fins de mois et les classes moyennes sont désormais concernées par une diminution relative de leurs revenus.

L'augmentation régulière de la part du logement dans le budget des ménages participe à la dégradation du niveau de vie des classes moyennes. Depuis 1995 [1], les prix des logements ont été multipliés par 2,5 contre 1,6 pour les revenus. Le Crédoc estime que la hausse des dépenses de logement est le principal moteur du sentiment de déclassement que connaissent ces fameuses classes moyennes. Avec la hausse du prix de l'immobilier, nombreux sont les Français qui voient s'éloigner la perspective de devenir un jour propriétaire ou d'habiter un plus grand logement. Une étude de l'université Paris-Dauphine révélait que le logement est un facteur d'éclatement des classes moyennes [2]. Face à l'envolée de l'immobilier, les classes moyennes inférieures (professions

---

[1]. Régis Bigot, Sandra Hoibian, « La crise du logement entretient le sentiment de déclassement social », Crédoc, *Consommation et modes de vie*, n° 226, février 2010.

[2]. « Le logement, facteur d'éclatement des classes moyennes », Colloque organisé par la CFE-CGC et l'université Paris-Dauphine, novembre 2009.

intermédiaires gagnant moins de 1 800 euros par mois) ont été contraintes de s'éloigner des centres-villes et des banlieues proches. Elles sont désormais presque aussi nombreuses (43,3 %) que les employés (44,3 %) à habiter dans les espaces périurbains ou ruraux. Dans le même temps, les classes moyennes supérieures (gagnant plus de 2 500 euros) se concentrent à 68 % dans les centres-villes ou en banlieue proche. Le poids des dépenses de logement est d'autant plus élevé que la classe moyenne inférieure, celle qui n'a plus les moyens d'accéder à la propriété, évite le parc social auquel elle a pourtant droit. Elle s'autoexclue des HLM et s'oriente vers un parc locatif privé où les taux d'effort sont les plus élevés.

Le rapprochement des classes moyennes inférieures et des catégories populaires ne se limite pas au lieu de résidence. La perception de sa propre « aisance financière » confirme qu'une partie des classes moyennes partage avec les catégories populaires une forte insécurité sociale : 15,5 % se déclarent ainsi « plutôt à l'aise » (14,2 % chez les employés et 14,5 % chez les ouvriers), 65,3 % se disent « un peu juste » (63,9 % chez les employés, 60,9 % chez les ouvriers) et 19,2 % sont carrément « en difficulté » (21,6 % pour les employés et 24,4 % pour les ouvriers). Cette évolution se lit aussi dans le fait que 34,3 % des actifs de la classe moyenne inférieure font état d'un « sentiment d'appartenance aux couches populaires ». Désormais, seules les couches moyennes supérieures se disent majoritairement « plutôt à l'aise » financièrement : problème, ces catégories ne représentent que 15 % de la population active ! Cet effondrement des classes moyennes est d'autant plus sensible qu'il intervient à un moment où le mouvement de réduction des inégalités, entamé au début du XXe siècle, est en train de s'inverser : désormais, près de 20 % des ménages les plus aisés disposent de 40 % du revenu disponible. Pis, l'Insee révèle qu'entre 2004 et 2007, le nombre de personnes gagnant plus de 500 000 euros par an a augmenté de 70 %.

Les frontières géographiques et sociales entre classes populaires et classes moyennes inférieures tendent à s'estomper[1]. Ces évolutions ne surprennent pas un sociologue comme Éric Maurin[2] qui constate qu'à chaque tournant de l'histoire économique, certaines catégories voient leur position s'effondrer. Dans les années 1950, cela a été le cas pour les petits commerçants et artisans ; dans les années 1980, cela a concerné la classe ouvrière ; aujourd'hui, avec la globalisation, ce sont les classes moyennes du privé qui s'effondrent. Les professions intermédiaires du secteur privé, les contremaîtres, sont aujourd'hui confrontés à une baisse de leur niveau de vie.

Dans ce contexte, la probabilité d'une ascension sociale est de plus en plus faible. Le sociologue Régis Bigot[3] estime que, dans les années 1960, il fallait environ douze années pour que les classes moyennes atteignent le niveau de vie des catégories aisées. Aujourd'hui, trente-cinq années sont nécessaires, et encore, si tout se passe bien et qu'aucun « incident » ne survienne dans le parcours professionnel. Une vie entière de travail risque de ne pas suffire pour voir ses conditions de vie s'améliorer ; elles pourraient même se détériorer en cas

---

1. Louis Chauvel, *Les Classes moyennes à la dérive*, Seuil, 2006 ; Massimo Gaggi et Edoardo Narduzzi, *La Fin des classes moyennes*, Liana Levi, 2006.
2. Éric Maurin, *La Peur du déclassement*, Le Seuil, 2009.
3. « Les classes moyennes font du surplace », entretien avec Régis Bigot, Observatoire des inégalités : www.inegalites.fr, mars 2009.

de déclassement. Un processus de déclassement qui ne se limite pas au fait qu'un individu quitte son milieu social d'origine pour « descendre dans l'échelle des positions sociales », mais qui est lié de plus en plus au décalage entre son niveau d'études et la qualification de son emploi. Si les enfants des milieux populaires ont le plus de difficultés à accéder aux positions supérieures, un rapport du Centre d'analyse stratégique [1] précise que les trajectoires descendantes sont aussi fréquentes pour les enfants issus de la classe moyenne. Aujourd'hui, seuls les « héritiers [2] » et les enfants de cadres supérieurs peuvent tirer leur épingle du jeu.

La classe moyenne, celle à laquelle continuent de s'adresser les partis politiques, ne correspond plus en fait qu'à une seule génération, celle des baby-boomers. Pour partie, les générations suivantes ne font déjà plus partie de ce modèle forgé pendant les Trente Glorieuses. Camille Peugny [3] estime que 22 % à 25 % des trentenaires et des quadragénaires se retrouvent aujourd'hui plus bas dans l'échelle sociale que leurs parents. Bien que le niveau de formation des générations nées après 1960 soit également sans précédent, on assiste à une dégradation inédite des perspectives de mobilité sociale ; ce qui fait dire à Louis Chauvel qu'il fallait bien que des enfants des classes moyennes fassent la politesse de céder leur place. La fracture générationnelle [4] est ainsi au cœur de l'implosion de la classe moyenne.

---

1. Centre d'analyse stratégique, « La mesure du déclassement : informer et agir sur les nouvelles réalités sociales », juillet 2009.
2. Pierre Bourdieu, Jean-Claude Passeron, *Les Héritiers*, Éditions de Minuit, 1985.
3. Camille Peugny, *Le Déclassement*, Grasset, 2009.
4. Louis Chauvel, *Le Destin des générations*, PUF, 2002.

Le révélateur d'une société divisée

Le niveau des salaires, la précarisation, le déclassement confirment donc une implosion de la classe moyenne. Pourtant, selon les sondages d'opinion, on estime qu'environ trois Français sur quatre se situent encore parmi les classes moyennes [1] ; une tendance qui s'observe aussi dans d'autres pays développés puisque d'après le Word Values Survey, 1999-2000, environ 56 % des Suédois, 58 % des Japonais et 66 % des Américains déclarent appartenir à la classe moyenne [2]. Les ouvriers, qui pourtant subissent depuis deux décennies une forte précarisation, continuent à se penser « classe moyenne ». Si les enquêtes les plus récentes montrent [3] que ce sentiment d'appartenance se brouille, l'adhésion à ce modèle reste pourtant majoritaire. Le « succès » d'un concept hérité d'une période où la sécurité sociale était la norme est étonnant à un moment où l'insécurité sociale se généralise.

Paradoxalement, cette précarisation sociale participe en réalité à la survivance du concept de « classe moyenne ». Il s'agit pour les individus, y compris ceux qui sont touchés par une forme de précarisation sociale, de ne pas ajouter une insécurité culturelle à une insécurité sociale. La crise sociale, la menace de la désaffiliation, favorisent l'attachement à ce concept culturel intégrateur. L'appartenance à la classe moyenne a valeur d'appartenance à la société tout entière. Rompre ce lien revient à accepter l'idée d'un décrochage définitif. Ainsi, et même

---

[1]. Enquête TNS-Sofres réalisée en janvier 2006 pour *Le Figaro/La Banque Postale*.
[2]. Claude Dargent, « Les classes moyennes ont-elles une conscience ? », *Informations sociales*, n° 106, 2003.
[3]. France Guérin-Pace, Olivia Samuel et Isabelle Ville, *En quête d'appartenances*, Ined, septembre 2009.

si la classe moyenne fait référence à une période révolue, ce sentiment d'appartenance permet de se rassurer face à la peur du déclassement.

Le problème est que ce sentiment d'appartenance à la classe moyenne se construit pour partie en opposition à « une autre France ». En effet, l'adhésion, y compris d'une partie des couches populaires, à ce concept culturel souligne une volonté, celle de ne surtout pas faire partie de cette « autre France », celle des banlieues. Il est frappant de constater que la France pavillonnaire, celle des espaces périurbains et ruraux, est identifiée comme celle des classes moyennes. Ainsi, et alors même que ces espaces ouvriers et populaires se caractérisent par l'importance des ménages précaires et pauvres, l'identification à la classe moyenne y reste forte, comme si le seul fait de vivre à l'écart des quartiers sensibles participait à la définition d'un statut social.

Si la maison individuelle est comme une protection face à l'insécurité sociale, elle apparaît aussi comme la garantie symbolique de continuer à faire partie d'une classe moyenne mythique qui se construit en opposition aux banlieues.

Conçu politiquement durant les Trente Glorieuses pour rassembler, le concept de classe moyenne tend à exclure de fait banlieues et minorités et à s'ethniciser.

Vers une ethnicisation de la classe moyenne ?

Revenons une nouvelle fois au « dérapage » de Manuel Valls, qui permet d'aborder la question de l'ethnicisation du concept de classe moyenne. Après avoir été « piégé » par un enregistrement à son insu, le maire d'Évry utilise en effet cette notion pour justifier son commentaire off. Afin d'éviter tout soupçon de racisme, le député-maire expliqua qu'il voulait en fait évoquer la question de la fuite des classes moyennes, la mixité sociale venant alors se substituer à la question de la mixité ethnique : « Ce que je voulais dire, c'est qu'il n'y a pas assez de mixité sociale. » Ainsi, lorsqu'il évoque dans le reportage l'absence de « Blancs, de Whites ou de Blancos », le maire d'Évry nous parle de manière subliminale des classes moyennes.

Cette anecdote, répétons-le, qui ne vise pas à stigmatiser ce maire, illustre parfaitement ce que recouvre l'utilisation courante de l'expression « classe moyenne » lorsque l'on évoque notamment les communes faisant l'objet de la politique de la ville. Les objectifs de mixité sociale de cette politique, dans le logement et la population, passent par le retour des classes moyennes dans les quartiers sensibles. De quelles classes moyennes s'agit-il ? Si tous les maires de banlieue sont favorables à la mixité sociale, ils cherchent d'abord à éviter la spécialisation ethnique et éventuellement communautaire de leur commune. D'ailleurs, si les politiques publiques mettent en avant un objectif de mixité sociale, il s'agit surtout de rompre avec la dynamique d'ethnicisation en favorisant la mixité ethno-culturelle.

La République interdisant toute référence ethnique et communautaire, le terme de classes moyennes est de plus en plus utilisé pour désigner une minorité qui déserte ces quartiers : « les Blancs », les « Whites », les « Blancos ». Il est ainsi associé aux populations blanches et réciproquement. Ce glissement sémantique, sans rapport avec la réalité sociale, conduit parfois à des situations ubuesques.

On rappellera utilement ici l'histoire médiatisée en 2009 [1] de ce jeune salarié de la ATP de trente ans d'origine ivoirienne, qui s'était vu refuser un logement social

---

1. « La société HLM poursuivie pour fichage ethnique », *Le Parisien*, 5 juin 2009.

par un organisme de Nanterre au motif qu'il y avait « trop de Noirs » dans la tour de Nanterre. Avec un salaire de 1 700 euros par mois, ce célibataire représentait pourtant la « classe moyenne idéale », celle qui fait tant défaut dans les quartiers sensibles, celle que toutes les mairies prient de bien vouloir revenir. Suite à un dépôt de plainte de SOS Racisme, le bailleur social précisa que ce n'était pas un problème de revenus, mais que « sur cette tour-là, ça pos[ait] un problème. Il y a[vait] déjà beaucoup de personnes d'origine africaine ou antillaise ». Le bailleur n'était évidemment pas en cause puisqu'il appliquait l'objectif non dit des politiques publiques : celui d'un maintien d'une certaine mixité ethnique des territoires. Rappelons à ce titre que, compte tenu des évolutions sociodémographiques, les bailleurs sociaux gèrent au mieux leur parc de logements. La situation est d'autant plus difficile qu'ils doivent répondre à une augmentation croissante des demandes de logements et, dans le même temps, prendre en compte une pression politique croissante de la part des élus locaux qui leur demandent de maintenir une forme d'équilibre ethnoculturel.

L'exemple de Nanterre montre la difficulté de répondre conjointement à une demande sociale et à des injonctions politiques tout en illustrant par l'absurde l'ethnicisation du concept de classe moyenne. Le refus de loger cette personne d'origine ivoirienne dont le profil social correspond à celui de la classe moyenne signifie une chose : la classe moyenne, celle que l'on recherche dans les quartiers, ne peut pas être d'origine africaine. Plus généralement, les populations d'origine africaine et maghrébine ne peuvent *a priori* pas faire partie des classes moyennes. Inversement, on considérera les ménages d'origine européenne comme faisant *a priori* partie de la classe moyenne. À plus grande échelle, cela explique que les quartiers bénéficiant de la politique de la ville soient considérés *a priori* comme des territoires « sans classe moyenne ». Or ces quartiers n'ont jamais cessé de « produire » et d'« exporter » des classes moyennes. L'augmentation du nombre de jeunes diplômés, l'ascension sociale et le départ d'une part minoritaire des ménages, contribuent à grossir les rangs de la classe moyenne. Les études sur la mobilité sociale et la réussite scolaire des enfants d'immigrés [1], et singulièrement des jeunes issus de l'immigration maghrébine et africaine, décrivent la réalité d'une dynamique sociale. Évidemment, l'ascension sociale qui a notamment permis l'émergence d'une classe moyenne d'origine maghrébine puis d'une classe moyenne d'origine africaine est minoritaire. Ce qui est « normal ». L'ascension sociale dans les milieux populaires, d'origine immigrée ou non, est un fait minoritaire, depuis toujours.

Le problème aujourd'hui est que l'ethnicisation du concept de classe moyenne empêche de distinguer l'émergence, très rapide, d'une classe moyenne issue des minorités. Tout se passe comme si le statut de minorités visibles interdisait de fait l'intégration à un ensemble culturel majoritaire. Ces représentations enferment ces populations dans un déterminisme ethnoculturel. On comprend ainsi le piège qui consiste à reléguer définitivement les minorités visibles, celles qui « donnent une mauvaise image d'Évry », à un statut d'exclus et de victimes. À l'inverse, la majorité invisible, celle des « Blancs » subit, *a contrario*, un autre enfermement culturel, celui d'un statut d'inclus. L'immense majorité

---

1. Claudine Attias-Donfut, François-Charles Wolff, *Le Destin des enfants d'immigrés*, Stock, 2009.

des « Blancs » fait pourtant partie des couches populaires, souvent précaires, et seule une minorité a intégré les couches supérieures. L'identification à la classe moyenne favorise une adhésion au système de ceux qui s'y réfèrent. L'association Blancs/classe moyenne apparaît ainsi comme un moyen efficace de contrôle social sur des catégories populaires et moyennes en voie de déclassement.

Notons à ce titre que cette association des populations blanches à la classe moyenne existe dans tous les pays développés en Europe, mais aussi singulièrement aux États-Unis, où la racialisation des rapports sociaux est depuis toujours un des fondements du contrôle social. La majorité est donc enfermée dans un statut petit-bourgeois qui annihile toute velléité de révolte sociale, tandis que les minorités n'investissent que le champ de la revendication ethnoculturelle sans incidence pour le système. L'ethnicisation des représentations sociales participe ainsi indirectement à une nouvelle forme d'autocensure et de contrôle social particulièrement efficace en milieu populaire. À ce titre, il est frappant de constater que la dégradation des conditions de vie et de travail des couches populaires et moyennes n'ait pas débouché sur une contestation radicale ni sur des mouvements sociaux déstabilisateurs (les seuls mouvements d'ampleur sont ceux de la fonction publique, c'est-à-dire du socle d'une classe moyenne protégée des effets de la mondialisation ; ces mouvements – par définition intégrés à l'appareil d'État – ne cherchent pas à remettre en cause le système).

L'ethnicisation des représentations sociales risque cependant de se payer cher sur le plan politique. Les partis politiques seront ainsi tentés de capter des électorats sur des bases strictement ethnoculturelles. On le voit, l'ethnicisation des représentations sociales, notamment du concept de classe moyenne, constitue un danger réel pour la cohésion nationale. C'est ce qu'indique une nouvelle géographie sociale de la France : les fractures sociales et culturelles ont une nette tendance à se renforcer.

7

Derrière la mondialisation heureuse

La géographie sociale ne repose pas sur un paysage figé, elle se transforme au gré des mutations économiques et des évolutions sociodémographiques. La révolution industrielle et le développement de la classe ouvrière ont ainsi façonné le paysage social des XIXe et XXe siècle avec notamment les oppositions entre territoires industriels et ruraux, communes ouvrières et communes bourgeoises. La période des trente glorieuses, celle de la « moyennisation » de la société française, voit émerger une nouvelle géographie sociale, celle de la France pavillonnaire liée à l'émergence d'une classe moyenne majoritaire.

La période contemporaine accouche d'une géographie sociale singulière, liée d'une part à l'adaptation de la société française à l'économie mondialisée mais aussi à l'émergence d'une nouvelle structuration sociale. Sur les ruines de la classe moyenne majoritaire, on assiste en effet à une recomposition des catégories populaires et à leur redéploiement sur le territoire.

Cette recomposition sociale et économique est portée par la « métropolisation », c'est-à-dire la concentration dans les grandes villes des activités qui portent désormais l'économie française ; un modèle de développement économique qui n'intègre pas les classes populaires. Pour la première fois dans l'histoire, les classes populaires ne sont plus au cœur de la production des richesses. Si le marché de l'emploi métropolitain crée les conditions de la présence des cadres et, à la marge, des immigrés, il crée à l'inverse les conditions de l'éviction des plus modestes. Le résultat est imparable.

Ouvriers, employés, petits paysans, petits indépendants, retraités et jeunes de ces catégories vivent désormais à l'écart des « territoires qui comptent ». C'est une première. Hier les ouvriers vivaient sur les lieux de production de la richesse. Cette intégration économique favorisait l'intégration sociale et culturelle de ces catégories. Ce n'est plus le cas aujourd'hui où ces catégories se répartissent dans une « France des fragilités sociales », à la périphérie des territoires les plus dynamiques, ceux des métropoles. Cette géographie sociale permet de souligner la place exacte conférée aux couches populaires à l'heure de la mondialisation : celle de « la périphérie ».

Deux siècles après l'exode rural des XIXe et XXe siècles, qui avait marqué le démarrage du capitalisme, on assiste au départ des couches populaires des lieux du pouvoir économique et politique. Cet exode urbain participe à la disparition culturelle de catégories populaires qui hier, à travers la classe ouvrière, occupaient une place politique majeure. Comment analyser l'exode « urbain » qui touche aujourd'hui cette partie de la population ? Contrairement aux usines, et sauf exception [1], il n'est pas envisageable de délocaliser les couches populaires à l'étranger. Les espaces situés à l'écart des métropoles rassemblent l'essentiel de ceux qui subissent le plus les effets de la mondialisation. Paradoxalement, cette nouvelle géographie sociale, qui s'impose dans l'ensemble des pays développés, reste pour partie invisible. Elle révèle pourtant

---

1. L'usine Continental de Clairoix avait proposé à 1 120 salariés un reclassement en Tunisie pour un salaire brut de 137 euros par mois.

les contours d'une nouvelle sociologie, où les catégories sociales se définissent tout autant par leur statut sociospatial que par leur degré d'intégration à l'économie-monde. Elle contribue à une recomposition du paysage politique entre ceux qui plébiscitent la mondialisation libérale et ceux qui la subissent.

Vitrines de la mondialisation heureuse, les métropoles, elles, bénéficient d'un accroissement de leur PIB et d'une augmentation du niveau de vie de ses habitants. Par leur poids économique et foncier, ces « territoires de la mondialisation » influencent et organisent la recomposition sociale de l'ensemble du pays. Ce développement métropolitain, qui repose sur une intégration à l'économie-monde, participe aussi à l'émergence d'une nouvelle sociologie urbaine et mondialisée. Les métropoles proposent leurs « modèles économiques » mais aussi leurs « modèles sociologiques », voués à remplacer la « vieille économie » et des rapports de classes considérés comme obsolètes.

Longtemps ignorée, la gentrification, c'est-à-dire l'embourgeoisement des anciens quartiers populaires, touche aujourd'hui l'ensemble des grandes villes. Ce processus est la conséquence de la recomposition économique des villes entamée dans les années 1970. L'étalement urbain s'est ainsi accompagné d'une tertiairisation des emplois et d'une désindustrialisation. À ce titre, et si on évoque beaucoup la délocalisation des industries à l'étranger, il faut rappeler que le mouvement s'est longtemps résumé à un déplacement de la ville vers les espaces périurbains et ruraux. À partir des années 1970, les industries se sont installées sur les territoires où le foncier était attractif et accessible. C'est à cette époque que le réseau routier s'est densifié et que la route est devenue le principal mode de transport. Ce déplacement industriel s'est accompagné d'une substitution des grandes unités de production par des sites plus petits. Dans les villes, l'emploi industriel s'est peu à peu réduit aux emplois de cadres et de professions intermédiaires travaillant dans les sièges sociaux des entreprises.

La désindustrialisation et la tertiarisation des emplois des grandes villes engendrent alors le processus de « métropolisation ». Cette mutation économique se caractérise par une spécialisation du marché de l'emploi vers les activités les plus qualifiées des secteurs publics (administration, santé, formation, culture) et privés (recherche, information, télécommunications et informatique). Pour l'essentiel, les entreprises et secteurs concernés ont des activités internationalisées. L'intégration économique et culturelle des grandes villes au processus de la mondialisation est un aspect essentiel de la métropolisation. En attirant un nombre croissant de catégories supérieures et intellectuelles, les métropoles se gentrifient rapidement. Cet embourgeoisement touche l'ensemble des quartiers, y compris les quartiers populaires, et gagne désormais les proches banlieues qui, du fait de la raréfaction de l'offre de logements abordables, deviennent attractives. Par cercles concentriques, la métropolisation provoque une recomposition sociale des territoires allant de la ville-centre aux espaces périurbains et ruraux.

Il faut noter que ces dynamiques se déploient « à catégories populaires constantes ». En effet, si la part des catégories populaires, ouvriers et employés, s'est effondrée dans les villes, elle a peu évolué depuis les années 1960 sur l'ensemble du territoire français. La baisse de la part des ouvriers a été compensée par l'augmentation de celle des employés [1]. La recomposition sociale des ter-

---

1. Louis Chauvel, « Le retour des classes sociales », *Revue de l'OFCE*, n° 79, octobre 2001.

ritoires n'est donc pas la conséquence de la disparition des catégories populaires, mais reflète le « tri social » provoqué par l'augmentation du coût du logement et la spécialisation du marché de l'emploi. Le reflux des catégories les plus modestes, qui s'est d'abord concentré sur les espaces périurbains, touche désormais le rural éloigné qui accueille des populations de plus en plus précaires et vulnérables. Aujourd'hui, les couches populaires sont contraintes d'habiter non pas « de l'autre côté du périph » mais « de l'autre côté des banlieues ». Ce mouvement traduit une rupture fondamentale par rapport à la dynamique sociale et urbaine des deux derniers siècles. La ville industrielle, qui attirait et intégrait toutes les catégories populaires, laisse la place à un modèle métropolitain qui les rejette violemment.

Contrairement aux images positives associées au développement métropolitain, la transformation sociale des grandes villes n'a en réalité rien d'un processus « soft ». Conformément aux logiques de marché, il consiste à organiser l'appropriation radicale par les catégories supérieures de territoires et d'un parc de logements destinés hier aux plus modestes. L'image sympathique du « bobo-explorateur » arrivant en terre « prolo-immigrée » dissimule la réalité d'une violente conquête patrimoniale. L'euphémisation de ce processus est emblématique d'une époque « libérale libertaire » où le prédateur prend le plus souvent le visage de la tolérance et de l'empathie.

L'appropriation du parc de logements des ouvriers par des catégories supérieures

La transformation des anciens quartiers populaires en quartiers bourgeois et l'appropriation d'un parc de logements historiquement destinés aux couches populaires par des catégories supérieures ne suscitent aucun émoi particulier. Alors que les discours incantatoires sur le manque de logements sociaux n'ont jamais été aussi présents, rares sont les politiques qui s'émeuvent aujourd'hui de la conquête par une petite bourgeoisie du parc privé « social de fait » des grandes villes.

Ce silence est d'autant plus étourdissant que c'est ce parc privé, et non le parc social, qui, jusqu'aujourd'hui, a toujours répondu majoritairement aux besoins des couches populaires, et l'ampleur de cette perte ne sera que très partiellement compensée par la construction sociale.

Le changement de destination d'un parc de logements occupés depuis deux siècles par des catégories modestes est d'autant moins dénoncé qu'il bénéficie aux catégories supérieures et aux prescripteurs d'opinions. On arrive ainsi à une situation ubuesque où ces catégories moyennes et supérieures, celles qui participent le plus à l'éviction des catégories populaires et à l'appropriation de leurs logements, sont aussi celles qui plébiscitent le plus la mixité dans la ville et qui soulignent la nécessité de construire des logements sociaux.

En réalité, et au-delà des discours grandiloquents, ce sont des logiques foncières et patrimoniales qui déterminent les dynamiques à l'œuvre. Ainsi, si les espaces publics dans les grandes villes ont donné lieu à un partage savant qui permet de maintenir le décorum ouvriériste ou ethnique, les commerces ethniques et les hard-discounters côtoient désormais les bistrots bobos et les supérettes bio. En revanche, la répartition du patrimoine immobilier ne fait l'objet d'aucune « négociation » de la part des couches supérieures. On accepte à la rigueur le maintien d'un parc social marginal (surtout s'il est destiné aux petites classes moyennes), mais pas le maintien dans le parc privé des catégories populaires. Dans ces quartiers, les bobos sont en train de se constituer un patrimoine d'une très grande valeur en acquérant de grandes surfaces industrielles, artisanales ou en réunissant de petits appartements. Les services des impôts ont ainsi enregistré une explosion des ménages payant l'ISF [1] dans tous les quartiers populaires des grandes villes et notamment à Paris.

Pour se maintenir dans les grandes métropoles, les catégories modestes n'ont qu'une solution : intégrer le parc de logements sociaux. Hier, très majoritairement locataires dans le parc privé ou propriétaires, les catégories populaires sont dorénavant de plus en plus locataires dans le parc social. De la même manière, alors que la part des propriétaires occupants n'a cessé d'augmenter dans les grandes zones urbaines, celle des propriétaires occupants modestes baisse. Ce basculement du statut d'occupation est un indicateur culturel de la place qu'on accorde aux catégories populaires dans les grandes agglomérations.

L'embourgeoisement des grandes villes entraîne ainsi une socialisation du statut d'occupation des couches populaires. Cette dépendance croissante vis-à-vis de l'État est une caractéristique des couches populaires résidant dans les grandes métropoles embourgeoisées. Elle est d'autant plus grande que, par ailleurs, la part des revenus sociaux a fortement augmenté pour ces populations qui éprouvent de grandes difficultés à s'intégrer à un marché de l'emploi très qualifié. L'évolution de leur statut souligne la marginalisation et la précarisation dont elles font désormais l'objet dans les grandes villes. La différence avec les catégories ouvrières de la ville industrielle est considérable. Intégrées économiquement et

---

1. En 2010, les personnes qui ont un patrimoine dépassant 790 000 euros doivent acquitter l'ISF.

politiquement, les catégories populaires étaient hier moins dépendantes de l'État.

Le processus d'embourgeoisement des métropoles risque de s'accentuer par le double effet d'une spécialisation du marché de l'emploi mais aussi de l'influence croissante d'un pouvoir « vert », qui tend à améliorer la qualité de vie dans les grandes villes en les rendant de plus en plus attractives. L'intérêt des catégories supérieures pour l'achat d'appartements en ville [1], au détriment des zones périurbaines ou rurales, n'a jamais été aussi élevé.

L'émergence de la ville mondialisée

Le mouvement de recomposition sociale des métropoles ne se résume pourtant pas à un simple processus d'embourgeoisement. Il s'accompagne aussi d'un renouvellement des couches populaires grâce à l'arrivée de populations issues de l'immigration. La sociologie traditionnelle héritée de l'ère industrielle s'efface peu à peu pour laisser la place à une sociologie issue du développement métropolitain et de la mondialisation. Ce double mouvement de gentrification et d'immigration participe à un processus de substitution de population complexe, où les couches populaires traditionnelles, ouvriers et employés, sont remplacées par des couches moyennes et supérieures et par des couches populaires immigrées. Il apparaît ainsi que la spécialisation du marché du travail des grandes villes vers des emplois très qualifiés, qui a contribué à l'éviction des catégories populaires traditionnelles, ne représente pas un frein à l'arrivée des couches populaires immigrées. Le passage d'une immigration de

---

1. *Le Monde-Direct matin*, « Un désir prudent d'appartement », 9 septembre 2009.

travail à une immigration familiale a orienté les nouveaux flux migratoires vers les territoires qui concentraient déjà des populations immigrées. L'importance du parc de logements sociaux et de logements privés dégradés a rendu possible l'accueil et le maintien de ces nouvelles couches populaires dans des métropoles où le prix des loyers et des logements avait explosé.

L'arrivée de ces nouvelles couches populaires, souvent peu ou pas qualifiées, sur un marché de l'emploi très qualifié explique l'importance des difficultés sociales de certains de ces quartiers. La déconnexion au marché de l'emploi métropolitain masque une autre réalité, celle de l'exploitation de ces populations précaires. La main-d'œuvre immigrée, parfois illégale, et mal rémunérée répond fort bien aux besoins de certains secteurs économiques.

Si l'immigration présente un intérêt certain pour le patronat (dumping social, pression à la baisse des salaires, affaissement de la protection sociale), en revanche, on ne souligne pas assez un autre aspect de cette nouvelle exploitation, qui permet d'offrir un train de vie « bourgeois » aux nouvelles couches supérieures sans en payer véritablement le prix. La nounou et la femme de ménage immigrées, et parfois sans papiers, ne ponctionnent que marginalement le budget des cadres. De la même manière, c'est bien grâce à l'exploitation en cuisine des immigrés que le bobo peut continuer à fréquenter assidûment les restaurants pour une note assez modique. Produit de la mondialisation libérale, la ville prospère non seulement sur un marché de l'emploi très qualifié et bien rémunéré, mais aussi sur un marché de l'emploi précaire caractérisé par une forte pression sur les coûts salariaux. Perceptible dans toutes les métropoles, le remplacement des couches populaires traditionnelles, protégées et structurées politiquement, par des couches populaires immigrées sans poids politique s'inscrit dans une logique économique qui favorise une recomposition sociale basée sur les extrêmes de l'éventail social : couches supérieures et intellectuelles d'un côté, catégories populaires immigrées de l'autre.

Le problème est que la majorité des prescripteurs d'opinions et des responsables politiques, qui le plus souvent vivent dans ces grandes villes, confondent cette « sociologie métropolitaine » avec la sociologie française dans son ensemble. Cela explique la facilité avec laquelle la représentation d'une société divisée entre des couches supérieures (le plus souvent « blanches ») et des couches populaires précarisées issues des minorités s'est imposée de gauche à droite.

Une nouvelle sociologie de la jeunesse

La nouvelle sociologie des villes a également donné naissance à une nouvelle jeunesse, une jeunesse particulièrement inégalitaire. Les quartiers où la transformation sociale a été portée par un double mouvement d'embourgeoisement et d'immigration ont ainsi vu apparaître une jeunesse issue de l'immigration et une jeunesse issue de la gentrification.

Cette sociologie inégalitaire de la jeunesse est à l'origine de l'accentuation des écarts socioculturels constatés dans certains collèges des grandes villes. Dans tous les quartiers populaires qui s'embourgeoisent, on assiste à une augmentation concomitante du nombre d'enfants de cadres et d'enfants issus de l'immigration, notamment dans les XVIIIe, XIXe et XXe arrondissements parisiens. Cette situation inédite revêt par ailleurs une dimension « ethnoculturelle ». Une partie de la jeunesse « petite-bourgeoise », le plus souvent blanche, « côtoie » ainsi une jeunesse populaire issue des « minorités visibles ». Ce « contact », ou plutôt cette coexistence, entre les extrêmes de l'éventail social et culturel est souvent source de tensions et parfois de violences. Certaines manifestations ou rassemblements de jeunes et d'étudiants, comme les manifestations lycéennes de février et mars 2005, ont ainsi dégénéré en violences « anti-Blancs [1] ». La cohabitation entre une jeunesse issue de l'immigration et une jeunesse issue de la gentrification, distinction dont on parle peu, est pourtant devenue un enjeu considérable dans des villes de plus en plus inégalitaires.

Une société sur le chemin d'un modèle communautaire

Le modèle métropolitain est plébiscité par les élites et plus largement par les catégories qui bénéficient le plus de la mondialisation. Modèle économique, il dessine aussi les contours d'un nouveau modèle d'organisation sociale. Dans ce système, les inégalités sociales laissent la place aux inégalités ethnoculturelles au plus grand bénéfice des classes dominantes. Mieux encore, il apparaît que des populations *a priori* en conflits d'intérêts, couches supérieures et couches populaires immigrées, adhèrent dans une même euphorie au processus d'intégration à l'économie-monde et aux valeurs d'une société multiculturelle « déterritorialisée ». Comment expliquer ce paradoxe ?

Jamais la « bourgeoisie » ou la « petite bourgeoisie » n'a vécu dans des espaces aussi inégalitaires. Cette accentuation des inégalités au cœur des lieux de pouvoir n'a pourtant débouché sur aucun conflit social majeur. Si les

---

1. Luc Bronner, « Le spectre des violences anti-"Blancs" », *Le Monde*, 16 mars 2005.

violences urbaines et les émeutes sont récurrentes, elles ne traduisent nullement une contestation radicale du système et restent donc inoffensives. L'économie de marché et l'idéologie libérale ne souffrent d'aucune remise en cause dans les quartiers dits sensibles. D'ailleurs, les émeutes n'ont jamais débouché sur la moindre conquête d'acquis sociaux mais sur des relances de la politique de la ville centrée sur la discrimination positive.

Laboratoire sociologique et idéologique, les grandes métropoles montrent leur capacité à gérer une société de plus en plus inégalitaire en substituant la question ethnoculturelle à la question sociale. Cette opération vise à désamorcer par avance tout conflit de classes, potentiellement très coûteux. Paradoxalement, dans ce système, les inégalités socioculturelles favorisent la cohabitation. Les différences de classes entre couches populaires immigrées et catégories supérieures disparaissent, tandis que les différences culturelles sont valorisées. La diversité culturelle des grandes métropoles participe ainsi à un efficace brouillage de classe qui permet aux couches supérieures urbaines de maintenir leur domination. On comprend dans ce contexte l'attachement de plus en plus marqué des classes dominantes des pays développés à une diversité qui rend acceptables les inégalités en faisant disparaître toute concurrence. La lutte des classes pour l'égalité sociale laisse ainsi la place à un combat pour la diversité et à une légitimisation de l'inégalité [1]. Ne doutons pas d'ailleurs que les minorités visibles puissent obtenir rapidement une meilleure représentation, notamment politique, c'est le prix, relativement modique, de la continuité du système. On comprend donc que, dans les métropoles,

---

1. Walter Benn Michaels, *La Diversité contre l'égalité*, Raisons d'agir, 2009.

l'immigration soit majoritairement perçue comme un processus positif. Elle empêche toute résurgence du conflit de classes, assure la pérennité d'un système de plus en plus inégalitaire socialement pour un coût relativement modeste en comparaison des bénéfices tirés de la mondialisation économique.

Débarrassé d'une « question sociale », aujourd'hui délocalisée dans les espaces périurbains et ruraux où se concentrent désormais la majorité des ouvriers et des employés, le champ politique des métropoles s'avère particulièrement apaisé. Les débats politiques se focalisent sur les sujets de société où les socialistes et les Verts excellent. Des majorités vertes et roses se sont ainsi constituées dans la plupart des grandes métropoles et confirment le choix d'une « gestion sociétale » de la ville inégalitaire.

Dans ce système, les rapports entre dominants et dominés ne se déployant désormais plus que sur un registre sociétal, les nouvelles couches populaires ne peuvent plus jouer que sur la victimisation et la mauvaise conscience des couches supérieures pour influencer le jeu politique. Les politiques publiques en direction des couches populaires (politique de la ville) ou plus largement les mesures de discrimination positive ne sont pas le fruit d'une négociation sociale mais d'abord celui d'un compromis sociétal sur une base ethnoculturelle.

On peut d'ailleurs se demander si aujourd'hui les métropoles ne sont pas le laboratoire d'un « communautarisme à la française ». Car si le renforcement des flux migratoires et les concentrations ethnoculturelles favorisent un communautarisme de fait, il convient de s'interroger sur une « gestion de plus en plus communautaire » des politiques municipales. Si cette dérive s'explique par la sociologie particulière des métropoles, elle est aussi favorisée par une nouvelle bourgeoisie dont les idéaux l'éloignent de l'égalitarisme républicain.

La mobilité est l'une des caractéristiques des habitants des métropoles. Dans la logique de la mondialisation libérale, les individus doivent être mobiles, nomades. La positivité des concepts de « villes en mouvement », de « mondialisation des échanges », de « mobilité » permet de légitimer la recomposition sociale, c'est-à-dire l'embourgeoisement des villes et la relégation des couches populaires. La « mobilité » et le « nomadisme [1] » ne décrivent plus seulement des déplacements dans l'espace, mais représentent des valeurs positives indépassables. Il apparaît ainsi que, pour les élites, le *world way of life* passe par une mobilité permanente des personnes. Dans ce contexte, l'immigration devient peu à peu la norme. Peu importe que le fait migratoire ne concerne en réalité qu'à peine 3 % de la population mondiale, la mobilité des personnes apparaît désormais comme un horizon indépassable. L'immigration sera ainsi perçue comme un progrès, jamais comme un arrachement.

Dans les métropoles, cette idéologie, qui confère au « bougisme [2] », est d'autant plus forte que la mobilité caractérise l'ensemble de l'éventail social, des couches supérieures aux couches populaires immigrées. La sociologie des métropoles est aussi une sociologie de la mobilité. Cette dernière constitue une part de l'identité des habitants des grandes villes et sous-tend un rapport particulier au territoire et à la Nation. Cette « déterritorialisation », qui se confond parfois avec une « dénatio-

---

1. Jacques Attali, *L'Homme nomade*, Fayard, 2003.
2. Pierre-André Taguieff, *Résister au bougisme*, Mille et Une Nuits, 2001.

nalisation », explique que les métropoles mondialisées soient les territoires qui plébiscitent le plus la gouvernance européenne en attendant la gouvernance mondiale.

Des centres prescripteurs face à des périphéries aphones...

Des aspirations sociétales de la nouvelle bourgeoisie urbaine à la culture populaire issue des quartiers sensibles, il apparaît que l'hégémonie culturelle des métropoles s'exerce tout autant par le « haut » que par le « bas ». Si la « boboïsation » de la sphère médiatique et culturelle est souvent critiquée, on souligne peu l'importance de la culture issue des quartiers populaires métropolitains sur une grande partie de la jeunesse. Les métropoles sont ainsi devenues des centres prescripteurs pour l'ensemble des territoires. Cette domination culturelle et politique des centres fait ressortir encore davantage l'invisibilité culturelle et politique des périphéries périurbaines et rurales. Cette France invisible concentre l'essentiel des couches populaires perdues de vue par la classe dirigeante et dont le poids démographique ne cesse de se renforcer. Car le nouveau monde, celui des métropoles inégalitaires, n'a pas encore fait disparaître l'essentiel d'une France populaire et égalitaire.

8

LA FRANCE PÉRIPHÉRIQUE

Pour les élites, elle n'existe plus. Cette France populaire, industrielle et rurale a vécu ; au mieux, il s'agit d'une France minoritaire et vieillie, qui s'accroche encore mais qui est condamnée à disparaître. Le problème est que cette France en voie de disparition est majoritaire. Elle se caractérise par son dynamisme démographique et constitue désormais l'épicentre de la question sociale. C'est en effet sur ces territoires que se joue l'avenir des nouvelles classes populaires.

Si les métropoles contribuent aux deux tiers du PIB français, elles ne concentrent qu'au maximum 40 % de la population. La majorité de la population, et singulièrement l'immense majorité des classes populaires, vit à l'écart des territoires les plus dynamiques, dans une « France périphérique ». Des marges périurbaines les plus fragiles des grandes villes jusqu'aux espaces ruraux en passant par les petites villes et villes moyennes, c'est 60 % de la population qui vit à l'écart des métropoles mondialisées. Cette « France périphérique » représente désormais un continuum socioculturel où les nouvelles classes populaires sont surreprésentées.

Sur les ruines de la classe moyenne, des catégories hier opposées, ouvriers, employés, chômeurs, jeunes et retraités issus de ces catégories, petits paysans partagent non pas une « conscience de classe » mais une perception commune des effets de la mondialisation et des choix économiques et sociétaux de la classe dirigeante. Cette « France périphérique » ne se confond pas avec la « France rurale », ni même avec la « France périurbaine ». Elle repose aussi sur un maillage de petites villes et de villes moyennes à l'écart du développement métropolitain. La « France périphérique » s'affranchit du découpage des « aires urbaines de l'INSEE », pour révéler une France populaire et fragile socialement. La très grande majorité des nouvelles classes populaires vit désormais sur ces territoires éloignés des zones d'emplois les plus actives. Ainsi, et pour la première fois dans l'histoire, les classes populaires ne résident plus « là où se crée la richesse » mais dans une « France périphérique », loin des territoires qui « comptent ». Deux siècles après avoir attiré les paysans dans les usines, les logiques économiques et foncières créent les conditions de l'éviction des nouvelles classes populaires des lieux de production – comme un retour à la case départ. Si les ouvriers étaient hier au cœur du système productif et donc dans les villes, les nouvelles classes populaires sont désormais au cœur d'un système redistributif de moins en moins performant.

C'est précisément là que se multiplient les plans sociaux et que les ouvriers et employés subissent depuis vingt ans une dégradation sensible de leurs conditions de travail et parfois de vie.

Si les métropoles donnent l'illusion d'une mondialisation heureuse, la France périphérique révèle une face plus sombre du processus. Il existe évidemment une grande diversité économique et sociale, et ce constat ne signifie pas que nous soyons désormais face à des métropoles hyperactives et des espaces périurbains et ruraux gagnés par l'inactivité. À ce titre, les travaux de l'économiste

Laurent Davezies ont démontré que le développement local ne passait pas forcément par la sphère productive mais pouvait aussi reposer, par exemple, sur l'économie résidentielle.

Il s'agit, en revanche, de s'interroger sur l'émergence culturelle d'une nouvelle France populaire qui n'a plus grand-chose en commun avec les classes ouvrières du passé. L'éloignement géographique des grands centres urbains, le passage de grandes unités de travail industrielles à de petites entreprises des secteurs industriels et tertiaires, mais aussi le passage d'un habitat collectif à un habitat individuel, participent à l'émergence d'une nouvelle identité populaire, qui se nourrit de la critique de la mondialisation et de son corollaire le multiculturalisme. À bien des égards, tous les idéaux qui confèrent leur spécificité aux grandes métropoles – mondialisation, mobilité, mixité – se heurtent à la précarisation sociale et à l'insécurité culturelle provoquée par l'accentuation de flux migratoires mondialisés.

En forte croissance démographique

Près de 78 % de Français vivent dans un espace à dominante urbaine. Cependant, des espaces diffus et pavillonnaires aux villes-centres denses, cette France urbaine recouvre des réalités très contrastées. L'Insee tente de décrire cette diversité à partir d'un découpage entre communes urbaines, périurbaines, multi ou monopolarisées, qui tient compte de l'éloignement par rapport au centre, de l'importance de la population active travaillant dans le pôle urbain et de la densité de population. Ce découpage ne rend que partiellement compte de la réalité sociale et culturelle et ce d'autant plus que la limite de ces territoires ne cesse d'évoluer ; du fait de la densification des territoires, une partie de la France pavillonnaire bascule statistiquement dans le « pôle central et dense ». L'habitat et le mode de vie des habitants les rapprochent pourtant de la ville « diffuse et périphérique ».

L'évolution de la population des villes-centres permet d'évaluer l'importance démographique de la « ville dense ». En réalité, du fait de l'étalement urbain, la proportion de Français vivant dans les villes-centres n'a cessé de régresser. Aujourd'hui, les villes-centres n'accueillent plus qu'un Français sur quatre. Même en y ajoutant les premières couronnes de banlieue, la ville dense et centrale ne concerne qu'une minorité de Français. Par ailleurs, la population des trente premières agglomérations ne pèse « que » 35 % de la population totale.

Ces évaluations montrent qu'une majorité de Français vit aujourd'hui sur des territoires périurbains, ruraux et industriels et dans des petites ou moyennes communes à l'écart de la ville dense et des métropoles les plus actives.

Majoritaire, cette France connaît aussi une forte dynamique démographique. Depuis 1990, les espaces périurbains ont enregistré un taux de croissance en moyenne trois fois plus élevé que celui des centres urbains. Dans ces derniers, l'Insee estime que les trois quarts de la croissance de la population sont le fait des zones périurbaines, la ville dense ne participant qu'à hauteur de 25 % à cette augmentation. Si les chiffres les plus récents [1] montrent un ralentissement relatif de l'accroissement des couronnes périurbaines de Paris, Lyon, Marseille et Lille, celle-ci est compensée par la croissance démographique des espaces ruraux. La France périphérique continue en

---

1. Insee Première, Évolution de la mobilité résidentielle entre 2004 et 2008, juillet 2009.

effet à attirer, notamment les départements ruraux. L'Insee précise ainsi qu'un certain nombre de départements – Landes, Vendée, Alpes-de-Haute-Provence, Hautes-Alpes et Lozère – ont enregistré de nombreuses arrivées depuis l'an 2000. On observe par ailleurs que les départements les plus urbanisés, comme l'Hérault ou la Haute-Garonne, accusent une perte d'attractivité au profit des départements ruraux voisins. Ce redéploiement vers les espaces ruraux n'entraîne pas mécaniquement une implantation dans la campagne profonde. Souvent, c'est le cas en Bretagne, ces installations ont lieu dans les petites villes de ces départements ruraux. La relation entre attractivité et caractère rural semble se renforcer depuis le début des années 2000, la France périphérique apparaissant de plus en plus comme un contre-modèle métropolitain.

Le solde migratoire n'est pas le seul indicateur du dynamisme démographique de la France périphérique. Les taux d'accroissement naturel exceptionnels des banlieues masquent cette réalité : les territoires périurbains et une partie des espaces ruraux bénéficient d'un accroissement naturel très positif. La Mayenne enregistre le deuxième taux de fécondité le plus élevé de France (2,2 enfants par femme) derrière la Seine-Saint-Denis. Ce département, un des plus pauvres de France, composé majoritairement d'ouvriers et d'employés, est caractéristique d'une France périphérique et populaire qui ne se réduit pas à sa population âgée. Si le poids des plus de soixante ans est effectivement plus important sur ces territoires, qui attirent beaucoup de retraités, cette réalité ne doit pas occulter l'émergence d'une jeunesse périurbaine et rurale. Depuis le début des années 1990, cette dynamique est perceptible dans toutes les communes périurbaines et rurales situées dans les zones d'influence de Toulouse, Lyon, Rennes, Montpellier, Strasbourg, Grenoble, Bordeaux et Nice. L'augmentation du nombre de jeunes de moins de dix-huit ans est aussi une réalité dans un très grand nombre de communes du Bassin parisien. Le littoral atlantique, qui attire depuis plusieurs années de nombreux ménages (pas seulement des retraités), est également concerné. Le phénomène est perceptible en Alsace où le maillage périurbain a favorisé la dissémination des ménages, y compris dans des espaces ruraux. Dans le pourtour méditerranéen, ce sont surtout les communes périurbaines et rurales des agglomérations de Montpellier, Marseille, Nice ou Toulon qui bénéficient du phénomène.

Cette jeunesse populaire, issue majoritairement des milieux ouvriers et employés, subit une double relégation, spatiale et culturelle, qui rend difficile l'intégration économique et sociale. Éloignée des grandes écoles et plus généralement des meilleurs établissements scolaires, cette jeunesse ne fait l'objet d'aucune attention particulière. L'accès à Sciences-Po ou à l'ENA ne serait donc pas une priorité pour cette jeunesse-là ? Plus généralement, il apparaît que l'éloignement et le renchérissement du foncier interdisent de plus en plus l'accès à l'offre scolaire et aux emplois des grandes métropoles. L'époque où beaucoup de parents pouvaient encore offrir un logement en ville à leurs enfants est révolue. Désormais, cette mobilité ne concernera plus que les ménages aisés. La relégation spatiale pèse ainsi mécaniquement sur la mobilité sociale de cette jeunesse populaire dont l'accès aux emplois les plus qualifiés et les mieux rémunérés des grandes villes est toujours plus difficile. L'importance du taux de chômage des jeunes diplômés sur les territoires périurbains et ruraux illustre parfaitement ce blocage.

À certains égards, il apparaît que l'intégration économique et culturelle de cette jeunesse périurbaine et rurale est parfois plus problématique [1] que celle de la jeunesse banlieusarde, qui, *a minima*, peut potentiellement bénéficier des opportunités scolaires et économiques des métropoles. Il y a d'ailleurs fort à parier que les grandes ascensions sociales, évidemment minoritaires, concerneront prioritairement cette jeunesse banlieusarde parfaitement intégrée au modèle dominant, celui de la mondialisation libérale.

Délocalisation de la question sociale

Si les thématiques sociétales ont remplacé la question sociale dans les métropoles, ce tournant idéologique est plus difficile à opérer sur des territoires où se concentre l'essentiel des populations pauvres, où les revenus sont bas et où les plans sociaux font grossir régulièrement le nombre de chômeurs. La question sociale, celle de la place et de l'avenir des catégories populaires à l'heure de la mondialisation, n'a pas disparu ; elle a été délocalisée dans les périphéries périurbaines et rurales des grandes villes.

Il existe évidemment une grande diversité sociale et économique dans ces espaces ruraux, industriels ou périurbains. Le niveau de développement local, la proximité, ou au contraire l'éloignement, des métropoles les plus actives multiplient les spécificités ; en revanche, toutes ces zones enregistrent des dynamiques sociales liées à la surreprésentation des catégories sociales les plus modestes. C'est en effet dans cette France périphérique

---

[1]. Nicolas Renahy, *Les Gars du coin. Enquête sur une jeunesse rurale*, La Découverte, 2006.

que l'on retrouve la majorité des ouvriers et employés, souvent du secteur privé, des agriculteurs, mais aussi l'essentiel des retraités modestes [1], souvent précaires, essentiellement des anciens ouvriers et employés.

La France des plans sociaux

Les catégories populaires qui constituent la France périphérique sont celles qui ont le plus durement subi la dégradation du marché de l'emploi. Le chômage, le développement du temps partiel subi et la détérioration des conditions de travail concernent d'abord les couches populaires. Comme le remarque Daniel Cohen, ces catégories servent désormais de variable d'ajustement dans le cadre d'une compétition mondiale qui vise à réduire toujours plus les coûts de production [2]. Dans ce contexte, ce sont donc les territoires périurbains et ruraux qui sont frappés par ces mutations qui bénéficient prioritairement aux métropoles. Le processus de mondialisation, qui contribue à la mise en concurrence des travailleurs d'ici avec ceux de là-bas, entraîne mécaniquement une lente dégradation du niveau de vie. Loin des villes mondialisées, ce sont les habitants des lieux périurbains et ruraux, dont les emplois sont surreprésentés dans la sphère productive, qui subissent le plus les délocalisations. La géographie des plans sociaux est celle de la France périphérique, pas celle des métropoles. Ploufragan, Fontenay-le-Comte, Châtellerault, Saint-Savin, Saint-Claude, Malaucène, Baccarat, Sarreguemines, Lavelanet, Labège, Tonneins, Balagny,

---

1. Gaël Brustier, Jean-Philippe Huelin, *Recherche le peuple désespérément*, Bourin Éditeur, 2009.
2. Daniel Cohen, *Trois leçons sur la société postindustrielle*, Seuil, 2006.

Nort-sur-Erdre, Clairoix… La longue liste des communes concernées par des plans sociaux sonne comme le tour d'une France rurale, industrielle, périurbaine, une France où les petites villes et les villes moyennes sont extrêmement nombreuses. Les zones rurales connaissent une situation sociale d'autant plus critique que ces dernières années elles ont subi conjointement des réductions d'emploi dans les secteurs de l'industrie et de l'agriculture.

Dans cette France périphérique, qui ne se limite pas à la France industrielle, les effets de la mondialisation se font aussi sentir sur le petit salariat privé des zones pavillonnaires. C'est dans ces espaces périurbains que se précarise une partie de la classe moyenne. Si elle se définit par la surreprésentation des catégories populaires, la sociologie de la France périphérique se construit aussi sur un sentiment de plus en plus marqué d'une relégation sociale et culturelle. Cette perception tend à rapprocher culturellement des catégories hier opposées. L'ouvrier en milieu rural, l'employé du lotissement bas de gamme, le chômeur des régions industrielles, le petit paysan, partagent la même insécurité et la conviction que le processus de mondialisation n'a pas contribué à améliorer leur condition d'existence.

*La France des revenus modestes
et des taux de pauvreté les plus élevés*

La structure de l'emploi influant sur le niveau des revenus, il n'est pas étonnant que la France périurbaine et rurale soit aussi celle des revenus modestes et où le pouvoir d'achat a le moins augmenté. Si certains espaces périurbains les plus proches des grandes villes se caractérisent par une diversité des niveaux de revenus, en revanche les zones les plus éloignées de ces grands centres urbains présentent une plus forte homogénéité dans la précarité.

Dans les territoires ruraux, espaces industriels, zones de lotissements bas de gamme ou petites communes industrielles, les ménages modestes et parfois pauvres sont ainsi majoritaires. Contrairement aux métropoles, ces endroits se caractérisent par une plus grande égalité des revenus. Le département de la Mayenne illustre les caractéristiques de cette France égalitaire et modeste. Michel Godet [1] souligne que ce département est l'un des plus pauvres de France si on le compare aux autres, mais qu'en revanche le nombre de ménages pauvres y est peu élevé du fait que la majorité des habitants ont des revenus se situant autour de la médiane supérieure au smic. L'économiste y voit d'ailleurs, avec la faiblesse du taux de chômage, l'explication du « bien vivre » dont bénéficie ce département qui enregistre une natalité supérieure à la moyenne nationale. Cette « France égalitaire », caractéristique des régions du Grand-Ouest, enregistre par ailleurs une augmentation de la pauvreté.

Si la carte de la pauvreté [2] montre une forte présence des ménages pauvres dans certaines régions, par exemple le Nord-Pas-de-Calais ou le Languedoc-Roussillon, elle souligne aussi une accentuation des bas revenus et de la pauvreté dans les zones périurbaines et rurales les plus reculées. Les espaces ruraux les plus éloignés des métropoles apparaissent ainsi comme les plus pauvres. Notons que contrairement à la situation qui a prévalu jusqu'en 1960, ce n'est pas la faiblesse du niveau de vie des agriculteurs qui explique la pauvreté dans les espaces ruraux

---

1. Michel Godet, « Inégalités sociales, l'herbe du pré voisin paraît toujours plus verte », *Le Figaro*, 30 avril 2010.
2. Christophe Noyé, Christophe Guilluy, *op. cit.*

puisque la majorité des habitants y sont ouvriers et employés. N'oublions pas par ailleurs que près de 20 % de la population française y vit et qu'il ne s'agit donc pas d'un fait social marginal.

Un rapport de l'Inspection générale des affaires sociales (Igas [1]) et du Conseil général de l'agriculture paru en 2009 permet de mieux connaître les territoires où se concentre la pauvreté en France. Rappelons qu'un individu est considéré comme pauvre lorsqu'il vit dans un ménage dont le niveau de vie (ensemble des revenus et prestations nettes d'impôts directs, rapporté au nombre d'unités de consommation du ménage) est inférieur au seuil de pauvreté. Ce seuil est estimé à 60 % de la médiane des niveaux de vie. Dans toutes les régions, pauvres ou riches, les taux de pauvreté les plus élevés sont ceux des zones rurales : 13,7 % en moyenne contre 11,3 % pour les espaces urbains, un taux de pauvreté qui dépasse 19 % dans un tiers des départements ruraux. Les taux de pauvreté record concernent ainsi les départements du Cantal (21,6 %), de la Corse (21,4 %), de l'Aude (21,4 %), de la Creuse (19,6 %), de l'Ardèche (18,3 %) et, dans sa partie rurale, de l'Hérault (19,6 %). Pour mémoire, dans le département urbain de la Seine-Saint-Denis, le taux de pauvreté est de 18 %.

La région Nord-Pas-de-Calais se caractérise par un revenu disponible brut moyen par habitant de 17 % inférieur à celui de la France métropolitaine, mais aussi par des écarts de revenus particulièrement importants (l'écart de revenu fiscal par unité de consommation entre les revenus les plus hauts et les plus bas est de 6,1 contre 5,4 pour la France métropolitaine) en raison d'un

---

1. « Pauvreté, précarité, solidarité en milieu rural », rapport de l'Igas, septembre 2009.

nombre élevé de ménages pauvres. Un habitant de la région sur six vivait sous le seuil de pauvreté en 2004 (16,8 % contre 11,7 % en moyenne nationale). La carte des revenus [1] révèle de fortes inégalités et des écarts significatifs de revenus notamment entre la métropole lilloise et les espaces périurbains et ruraux. Pour l'essentiel, les taux de pauvreté les plus forts se concentrent dans le « rural ouvrier ». Le département du Nord est à ce titre emblématique. Dans ce département industriel et urbain, ce sont les territoires ruraux qui concentrent les taux de pauvreté les plus élevés (20,2 %). La pauvreté y est plus fréquente qu'en milieu urbain où elle est déjà loin d'être négligeable (16,9 %). La situation est d'autant plus difficile que les prestations sociales compensent ici moins qu'ailleurs la faiblesse des revenus bien que la pauvreté y soit plus importante. Alors que pour l'ensemble des ménages pauvres, les prestations sociales constituaient en 2006 35,3 % des revenus avant impôts, cette part n'était que de 28,1 % pour les ménages ruraux les plus pauvres. Cette situation est caractéristique des couches populaires de la France périphérique. La diffusion de la précarité et du chômage sur les territoires périurbains et ruraux contribue à rendre difficile le repérage des ménages les plus en difficulté. Contrairement aux espaces urbains défavorisés, le maillage social et associatif est plus faible et les populations sont de fait moins informées de leurs droits. Ce n'est d'ailleurs pas un hasard si parmi les prestations sociales, ce sont aux minima sociaux d'une part, et aux allocations logement d'autre part, que les ruraux semblent avoir le moins accès. Une dimension « culturelle » explique aussi ce moindre accès aux prestations sociales et aux aides de

---

1. *Ibid.*

droit commun. L'Igas relève ainsi que les ménages pauvres ruraux éprouvent des réticences à demander des aides qui les assimilent à des « publics pauvres ». Les caisses gestionnaires des prestations constatent qu'il existe une « sous-consommation » de RMI en milieu rural.

On néglige souvent la question de la pauvreté rurale en considérant qu'elle est une conséquence du grand nombre de retraités précaires, notamment des anciens agriculteurs. La pauvreté concerne en réalité des ménages ouvriers et employés, des chômeurs et souvent des populations jeunes. En effet, si les couches populaires des espaces ruraux et périurbains sont en général très discrètes sur la question de la pauvreté, celle-ci est encore moins visible pour les jeunes ruraux. Les jeunes adultes sont en effet plus nombreux dans la population pauvre rurale que dans la population pauvre urbaine. En milieu rural, ils constituent 45,1 % de la population pauvre contre 33,8 % de l'ensemble de la population. Les couples avec enfants, sous-représentés parmi les pauvres urbains (de 5,1 points), sont surreprésentés (de 4,3 points) parmi les ménages pauvres ruraux. Les ménages pauvres en milieu rural sont surtout des familles avec des enfants, à faibles revenus d'activité, et les prestations sociales qu'ils touchent sont d'ailleurs surtout constituées d'allocations familiales.

Dans la France périphérique, l'incrustation de la pauvreté ne concerne pourtant pas les seuls espaces ruraux. Elle touche aussi des petites et moyennes villes industrielles. Dans le Nord, la situation du bassin minier est à ce titre exemplaire. Ainsi il apparaît que les créations d'emplois et plus généralement le dynamisme économique de la région ne bénéficient qu'à une fraction réduite de la population. Les taux de chômage et de pauvreté y restent très élevés, notamment dans la population jeune. Ce décalage entre le contexte économique et la situation sociale montre que certains espaces industriels ne bénéficient pas du développement métropolitain et ne peuvent pas non plus tirer parti de l'« économie résidentielle [1] ». Cette dernière est basée sur l'idée que la population qui habite sur un territoire génère une activité économique en même temps que des besoins de services. Importante dans les régions touristiques, cette économie « présentielle », qui induit des consommations, donc une activité économique et des transferts de revenus, concerne peu ou pas le bassin minier.

Des néoruraux qui renforcent le nombre de précaires

La recomposition sociale des territoires métropolitains favorise depuis déjà vingt ans l'arrivée de ménages modestes et précaires dans les espaces périurbains d'abord, puis ruraux. Les chiffres concernant les espaces ruraux sont significatifs. Depuis la fin des années 1990, plus de 80 % des ménages arrivant dans les campagnes ont des revenus modestes, c'est-à-dire sont éligibles au parc social, et surtout près de la moitié d'entre eux sont précaires ou pauvres (éligibles au parc très social de type PLAI en raison de revenus inférieurs à 60 % des plafonds HLM). L'Igas [2] précise que la pauvreté dans l'espace rural, déjà plus élevée qu'en ville, a été renforcée par

---

1. Laurent Davezies, *La République et ses territoires*, Seuil, 2008. Christophe Terrier, « Mobilité touristique et population présente – Les bases de l'économie présentielle des départements », Direction du tourisme, 2006.

2. « Pauvreté, précarité, solidarité en milieu rural », *op. cit.*

l'arrivée de populations en difficulté. Aux populations pauvres déjà présentes (agriculteurs, ouvriers, personnes âgées, chômeurs, jeunes sans qualification) sont venus s'ajouter des néoruraux qui se sont installés à la campagne tout au long des années 1990 et 2000 essentiellement pour des raisons de coût du logement. Ces migrations, principalement composées de ménages d'employés, d'ouvriers et de professions intermédiaires, ne font que renforcer le déséquilibre socioprofessionnel rural antérieur.

Les spécificités des espaces périurbains et ruraux tendent à accentuer cette précarité. Elle est d'autant plus forte que l'arrivée sur des territoires souvent dépourvus de réseaux de transports publics et d'infrastructures pour garder les enfants conduit de nombreuses femmes à abandonner leur travail, l'éloignement des zones d'activité rendant évidemment difficile un retour à l'emploi. Les ménages sont souvent pris dans un effet ciseaux, entre des remboursements de prêts et une augmentation régulière des charges (essence pour la voiture, fuel pour la maison). L'accession à la propriété et à la maison individuelle – rêve toujours aussi vivace – s'accompagne ainsi d'une baisse sensible des revenus de ces ménages, sans véritable garantie sur la valeur des biens. Les évolutions récentes des prix de l'immobilier montrent que dans un contexte baissier, ce sont les maisons les plus éloignées des grands centres urbains qui perdent le plus de valeur.

Image d'Épinal de la maison individuelle

Une question sociale cruciale émerge dans cette France périphérique. Pourtant, là encore, elle semble négligée. Deux raisons permettent d'expliquer cette occultation.

La première tient à l'image d'Épinal que l'on associe encore à ces territoires en général et à la maison individuelle en particulier. L'étalement urbain, qui a démarré dans les années 1960, était au départ le fait de petites couches moyennes salariées en phase d'ascension sociale. À l'époque, l'achat de la maison individuelle venait concrétiser cette promotion. Les ouvriers et employés, et plus généralement les salariés modestes du secteur privé, représentaient alors le fer de lance du processus de moyennisation de la société française. Façonnée pendant les Trente Glorieuses, l'association entre « maison individuelle » et « classes moyennes » semble perdurer alors qu'aujourd'hui, la précarité et parfois la pauvreté touchent fréquemment des ménages propriétaires de leur maison.

La seconde raison est plus technique. Elle tient à la difficulté de mesurer, notamment par la statistique, les dynamiques de dispersion de la précarité et du chômage. En effet, depuis les années 1980, la question sociale et celle de la relégation territoriale sont associées à celle de la concentration. Les interventions publiques territorialisées concernent ainsi prioritairement les situations de concentration : concentration de chômeurs, de précaires, de violences urbaines ou d'immigrés. Aujourd'hui, les pouvoirs publics cherchent à déconcentrer les difficultés, notamment à travers les politiques de restructuration urbaine et de redéploiement de l'offre de logements sociaux. Dans le cadre des opérations de démolitions-reconstructions, l'objectif de dispersion des familles difficiles prend ainsi le pas sur le traitement des difficultés elles-mêmes. Dispersées, les difficultés seront effectivement moins visibles mais ne disparaissent pas pour autant. À ce titre, l'incrustation de la précarité dans les espaces périurbains et ruraux montre que le traitement de la question sociale est rendu plus difficile par sa dispersion sur des territoires où le maillage social et associatif est plus faible.

L'antithèse du nomadisme métropolitain

Dans la France périphérique, la maison individuelle est surreprésentée. Des lotissements périurbains aux villages ruraux, la maison individuelle est devenue l'« habitat-type » des couches populaires et singulièrement des ouvriers. Le passage du logement collectif à l'habitat individuel des couches populaires revêt une importance culturelle et symbolique très forte. Cette évolution a en effet accompagné la lente disparition du peuple du champ de vision des élites et singulièrement de la gauche.

Le profond mépris des élites et des couches dominantes pour le « pavillonnaire » masque difficilement leur rejet de ce qu'est devenu le peuple. Abrités derrière des discours techniques, budgétaires ou écologiques, les prescripteurs d'opinions n'ont cessé de critiquer un mode de vie et d'habitat qui « ne faisait pas société[1] ». Le peuple cesserait donc de « faire société ». *A contrario*, l'habitat collectif des grandes métropoles serait-il le signe d'une volonté « de faire société » ? Les pratiques résidentielles des couches supérieures semblent pourtant nous dire autre chose...

En réalité, les élites ne perçoivent pas que l'habitat pavillonnaire constitue pour les couches populaires une forme de rempart à l'insécurité sociale mais aussi culturelle générée par la mondialisation. Ce constat est difficile à accepter pour les classes dominantes et

---

1. Vincent Casanova, Joseph Confavreux, « Hisser le pavillon ? », *Vacarme*, n° 42, hiver 2007-2008.

singulièrement pour la gauche, qui continue à rendre le « pavillon » pour partie responsable du basculement réactionnaire de la classe ouvrière. L'habitat individuel révélerait ainsi mécaniquement les plus bas instincts du peuple. L'acquisition d'un pavillon bas de gamme impliquerait même le « rejet de l'autre ». Bizarrement, ce déterminisme urbain, cet « effet pavillonnaire », resterait inopérant pour le bobo parisien acquéreur d'une maison individuelle dans le Lubéron. Dans ce cas, l'achat d'une résidence secondaire n'implique pas un basculement dans le camp de la réaction et du « pavillonnaire politiquement incorrect ». Il existerait donc un « pavillonnaire politiquement correct ».

La réduction de la France pavillonnaire à l'équation « pavillon » = « beauf » révèle non seulement un mépris de classe, mais aussi l'impossibilité dans laquelle se trouvent les élites de percevoir l'émergence d'un nouveau modèle culturel et urbain dominant en milieu populaire. Ce dernier, fruit de déterminants sociaux, apparaît même comme une antithèse du paradigme métropolitain. Il passe non seulement par la maison individuelle, mais aussi par un rapport différent à la mobilité. Le dogme de la mobilité, de la « ville en mouvement », du nomadisme, qui structure le modèle métropolitain s'écrase ici sur la réalité sociale de la France périphérique. Pour les élites, la mondialisation passe par une mobilité choisie, désirée. Pour les couches populaires des espaces périurbains, ruraux et industriels, la mondialisation se confond au contraire avec une mobilité contrainte et parfois une sédentarisation imposée par la faiblesse des revenus.

La mobilité contrainte est une caractéristique de ces territoires. Les déplacements pendulaires entre les lieux de résidence et de travail y sont nombreux et onéreux. Le coût de la mobilité est d'autant plus élevé que les revenus sont faibles. À ce titre, on imagine aisément les difficultés du retour à l'emploi pour les chômeurs de cette France rurale et périurbaine.

Cette mobilité contrainte ne doit pas masquer la réalité de territoires qui se caractérisent d'abord par la faiblesse de la mobilité résidentielle de ses habitants. L'Insee [1] montre d'ailleurs que les quartiers pavillonnaires sont les zones où la mobilité des habitants est la moins élevée. Le taux de mobilité résidentielle y est inférieur en moyenne de 15 points (41 %) par rapport à celui des grandes villes et de 20 points par rapport à celui des quartiers sensibles. Cette sédentarisation s'explique par la combinaison d'un taux élevé de ménages propriétaires et l'importance des ménages modestes ou précaires. Désormais, et compte tenu des évolutions foncières, la majorité des ménages de la France périphérique se retrouvent de fait « assignés à résidence ». La faiblesse du parc de logements locatifs, notamment social, et le renchérissement du foncier accentuent cette sédentarisation en rendant très difficile la décohabitation pour les jeunes. Dans ce contexte, il est à craindre que la mobilité résidentielle ne régresse encore dans les prochaines décennies.

Cette « sédentarisation contrainte » favorise le surinvestissement de la maison individuelle mais aussi une forme d'appropriation territoriale et de relocalisation. Ce surinvestissement du territoire s'oppose en tout point au lent processus de « déterritorialisation » et de « dénationalisation » entamé avec la mondialisation dans les métropoles. L'évolution de la France populaire et pavillonnaire semble s'inscrire à rebours d'une société mondialisée qui se construit notamment sur la mobilité des hommes.

---

1. Insee, Rapport de l'Observatoire national des zones urbaines sensibles, 2005.

9

Vivre ensemble, disent-ils

La question de la cohésion nationale est un sujet sensible car potentiellement destructeur de la mythologie républicaine. C'est pourquoi il est très difficile en France d'évaluer l'état du « vivre ensemble ». Les politiques évacuent le plus souvent la question en considérant que le modèle républicain immuniserait la France contre les effets négatifs de la mondialisation et du multiculturalisme. Les inégalités sociales seraient contenues grâce à l'efficacité d'un système redistributif, tandis que l'égalitarisme républicain interdirait toute dérive communautariste. Ciment de la cohésion nationale, la République favoriserait ainsi le métissage, l'avènement d'une « République métisse » devenant alors la condition de la cohésion.

Attention : terrain miné

Cette approche présente un double avantage. D'un côté, elle fait reposer la question de la cohésion nationale sur des critères culturels et non plus sociaux, et de l'autre elle interdit de s'interroger sur les effets de la recomposition sociale et démographique des territoires. Pourtant, une nouvelle géographie contribue à l'approfondissement de nouvelles lignes de fractures sociales et culturelles peu compatibles avec l'unité nationale. La réaffirmation des valeurs d'égalité républicaine ou la mise en avant du concept de « République métisse » ne sauraient masquer l'état d'une société rongée par le développement d'un séparatisme non seulement social, mais aussi culturel. À partir de dynamiques sociales et territoriales, on assiste bel et bien au développement d'un séparatisme culturel qui risque de mettre en péril le « vivre ensemble ».

Les pays anglo-saxons et du Nord de l'Europe produisent depuis de nombreuses années des travaux sur la question. Les Pays-Bas utilisent par exemple une classification entre « natifs [1] » et immigrés. Ces travaux, qui visent à éclairer l'état des sociétés multiculturelles, ne sont pas mécaniquement applicables à la situation française, mais permettent de pointer les véritables problématiques et enjeux liés à l'émergence de telles sociétés.

Le sociologue et politologue américain Robert Putnam [2], un chercheur proche de la gauche américaine, évoque ainsi le net dépérissement du « capital social », c'est-à-dire de tous les aspects de la vie collective, dans les villes multiculturelles. Ses résultats, très commentés à l'étranger, n'ont étonnamment suscité aucune réaction en France. Il faut dire que ses conclusions, établies à partir d'une large enquête portant sur un échantillon d'environ 30 000 individus, mettent en lumière de sérieux problèmes, surtout à un moment où le multiculturalisme émerge dans tous les pays européens. Plusieurs

---

1. Néerlandais dont les deux parents sont nés aux Pays-Bas.

2. Jean-Louis Thiébault, « Les travaux de Robert D. Putnam sur la confiance, le capital social, l'engagement civique et la politique comparée », *Revue internationale de politique comparée*, 2003/3 (vol. 10).

Robert D. Putnam, *Bowling Alone : The Collapse and Revival of American Community*, Simon & Schuster, 2000.

points sont particulièrement sensibles. Le premier est l'hypothèse selon laquelle plus la diversité ethnique et culturelle grandit, plus la confiance entre les individus s'affaiblit ; pis, Putnam montre que dans les communautés les plus diversifiées, les individus ont moins confiance en leurs voisins. Plus surprenant, il apparaît que dans ces mêmes communautés non seulement la confiance « interethnique » est plus faible qu'ailleurs, mais que la confiance « intra-ethnique » l'est aussi. Le sociologue conclut son étude en expliquant que la diversité ethnique conduit généralement à l'anomie et à l'isolement social. En résumé, il apparaît ainsi que dans les sociétés multiculturelles, ce que le sociologue Jacques Donzelot[1] appelle les « liens faibles », ceux que l'on tisse occasionnellement avec des personnes d'autres milieux, font de plus en plus défaut[2]. Le pessimisme de cette analyse explique que Robert Putnam n'ait fait l'objet que d'une maigre publicité en France. Pourtant, si les conclusions sont évidemment à replacer dans le contexte américain très communautarisé, elles ont le mérite de décrire pour la première fois certains effets du multiculturalisme sur l'organisation sociale.

La montée du séparatisme en France devrait ainsi nous interroger sur les ressorts de ces dynamiques à l'œuvre. Le sociologue Éric Maurin[3] a, par exemple, mis en évidence un grégarisme au sein de chaque classe sociale, tous les ménages cherchant à éviter les catégories sociales immédiatement inférieures. Ce séparatisme social est évidemment préoccupant mais ne décrit que partiellement

---

1. Jacques Donzelot, *La Ville à trois vitesses*, Éditions de La Villette, 2009.

2. Les « liens forts » sont « ceux de l'appartenance à la famille, à la communauté, les liens associés à la similitude ».

3. Éric Maurin, *Le Ghetto français*, Seuil, 2004.

une dynamique bien plus dangereuse pour la cohésion nationale, celle du séparatisme au sein même des milieux populaires et en fonction de leur origine.

La nouvelle géographie sociale et l'analyse de la recomposition sociale et démographique des territoires permettent de comprendre les ressorts de ce « séparatisme culturel » qui ne renvoie pas prioritairement, et contrairement à la situation qui prévaut aux États-Unis, à des logiques communautaires ou ethniques. Au départ, ce sont des raisons économiques et foncières qui ont en réalité le plus contribué à séparer les catégories populaires en fonction de leur origine. La recomposition économique et sociale des territoires a ainsi favorisé la relégation en dehors des grandes villes des catégories populaires d'origine française et européenne et, dans le même temps, la concentration des nouvelles couches populaires immigrées dans les quartiers des métropoles. Ce « chassé-croisé » explique une séparation « de fait » des couches populaires en fonction de leur origine. La métropolisation, qui contribue à l'émergence d'une société multiculturelle, favorise ainsi dans le même temps le séparatisme en milieu populaire sur une base culturelle. Ce constat paradoxal confirme que si le néolibéralisme mondialisé plébiscite la diversité, il organise dans le même temps le séparatisme territorial des couches populaires.

Structuré par la recomposition sociale et démographique du pays, le séparatisme social et culturel tend à se renforcer par une généralisation des pratiques d'évitement plus ou moins assumées. Ces pratiques contredisent sensiblement les sondages d'opinions qui soulignent majoritairement une volonté de « vivre ensemble ». Ce décalage entre l'expression d'une forme d'ouverture et le développement des pratiques d'évitement révèle une distorsion entre un idéal républicain affiché et la réalité d'une société morcelée. À cet égard, l'évolution de la carte électorale tend à confirmer l'incrustation d'un séparatisme culturel difficilement compatible avec le projet républicain.

Mixité et métissage : une réalité française ?

À entendre les médias, associations antiracistes, armadas de chercheurs et d'intellectuels, sans oublier les politiques, la France réussirait mieux que d'autres son passage vers une société multiculturelle. Contrairement à la situation qui prévaut dans la plupart des autres pays, la France réussirait à « mixer » et à « métisser » sa population en empêchant la « classique » dérive communautaire. Ce succès reposerait sur la conception républicaine du citoyen, qui ne reconnaît pas les origines, et un attachement singulier aux valeurs d'égalité. Une véritable exception française, due aux ressorts de la laïcité républicaine. Cette perception idéalisée de la construction d'une société multiculturelle « à la française » entre cependant en contradiction avec le constat d'un recul de la mixité et des discours de plus en plus alarmistes comparant la France à une société d'apartheid [1]. Ces propos, bien entendu outranciers, confirment cependant une évidence : les nouvelles dynamiques sociales et démographiques participent à un effacement progressif du « modèle français ».

Depuis que la question de la mixité a fait son apparition dans le débat public, les discours les plus contradictoires se succèdent. Sans que l'on sache jamais très bien si l'on parle de mixité ou de métissage, de mixité sociale

---

1. Yazid Sabeg, « La France est sur la voie de l'apartheid », *Le Parisien*, 21 janvier 2009.

ou ethnique, les pouvoirs publics s'inquiètent d'un recul de la susdite mixité. Pourtant, dans le même temps, les politiques n'ont de cesse de rappeler que la France est un pays de métissage et de mixité, l'augmentation régulière des mariages mixtes illustrant la bonne santé d'un « pays métisse ». Comment expliquer alors que, si le métissage est une spécificité française, l'objectif de mixité soit désormais inscrit dans toutes les politiques publiques ?

L'analyse de la nature et de l'évolution des mariages mixtes permet de comprendre cette contradiction et surtout d'éclairer la réalité du métissage à la française. Les statistiques ethniques n'existant pas, comme on le sait, les démographes ont travaillé sur l'évolution des mariages mixtes entre Français et étrangers et sur l'évolution du taux d'exogamie. L'enquête MGIS de 1992 [1], élaborée par Michèle Tribalat, révélait ainsi l'importance des unions exogames, c'est-à-dire hors de sa communauté d'origine. L'importance de l'exogamie des enfants d'immigrés, et notamment maghrébins, confirmait la pertinence du modèle républicain. Cette enquête contribua longtemps à occulter un recul de la mixité, en exagérant l'efficacité du modèle hexagonal. De l'aveu même de son inspiratrice, cette enquête a été surinterprétée. En effet, cette dernière reposait sur une analyse d'unions généralement libres, qui rendait difficile une extrapolation fiable sur l'importance de l'exogamie dans chaque communauté. Par ailleurs, l'enquête remonte à près de vingt ans, à un moment où la population extra-européenne, et notamment issue de l'immigration maghrébine, africaine et asiatique, était beaucoup moins nombreuse. À la fin des années 1980, les concentrations ethniques étaient

---

1. « Mobilité géographique et insertion sociale », enquête Insee avec le concours de l'Ined, 1992.

fortes, et surtout la mixité était encore la norme dans la plupart des quartiers, y compris dans les logements sociaux, étonnamment, si cette enquête nous apprend peu de chose sur la réalité du « métissage à la française », elle sert pourtant toujours de référence sur le sujet.

D'autres études ont aussi donné lieu à une surinterprétation. C'est le cas de l'enquête Famille de 1999[1] dont la conclusion faisait état d'une augmentation très sensible des mariages mixtes entre personnes « nées à l'étranger », notamment au Maghreb, et « personnes nées en France » ; cela n'était pas pertinent en ce qui concerne les unions exogames puisque les rapatriés, dont beaucoup se sont mariés avec des Français, constituaient une part importante de ces personnes d'origine maghrébine. La mauvaise interprétation de ces résultats a longtemps contribué à idéaliser le modèle d'intégration français et marque à cet égard une forme d'instrumentalisation politique de ces statistiques.

Le trompe-l'œil des mariages mixtes

En 2010, le ministre de l'Immigration vantait ainsi la réussite d'un « métissage à la française » en s'appuyant sur l'importance des mariages mixtes en France : 27 % des mariages enregistrés en 2009 concernaient des unions entre Français et étrangers. Pour le ministre, cette tendance démontrait le métissage de la société française. Mais cela n'est pas si sûr. Au contraire, l'analyse du phénomène illustre bien plus une tendance à la communautarisation.

---

1. F. Cassan, F. Héran, L. Toulemon, « Étude de l'histoire familiale : l'édition 1999 de l'enquête Famille », Insee, *Courrier des statistiques*, n° 93, 2000.

La majorité de ces mariages mixtes sont en effet célébrés à l'étranger. Si l'on ne retenait que des mariages célébrés sur le sol français, les mariages mixtes ne représenteraient plus que 13 % du total des mariages. Le rapport Stéfanini [1] précise par ailleurs que 60 % des unions célébrées à l'étranger ont eu lieu dans les pays du Maghreb, d'Afrique francophone et en Turquie. C'est d'ailleurs au Maghreb et en Turquie que le nombre de ressortissants mariés à l'étranger a le plus augmenté entre 1994 et 2005 : + 731 %. Le rapport précise aussi que « l'évolution la plus spectaculaire concerne les ressortissants algériens épousant en Algérie des Français dont le nombre a été multiplié par onze entre 1994 et 2005 ».

Les travaux de la démographe Michèle Tribalat [2] confirment que l'importance des mariages entre Français et étrangers ne doit rien à la mixité ethno-culturelle. L'analyse de l'origine des mariés souligne au contraire une permanence de l'endogamie. La démographe révèle que les Français rejoints par des étrangers (dans les procédures dites « conjoints de Français ») sont, pour 60 % d'entre eux, d'origine étrangère. La situation concerne des mariages célébrés à l'étranger, mais aussi en France. L'auteur précise que les Maghrébins sont particulièrement concernés par le phénomène. Plusieurs études qualitatives viennent compléter ces tendances en soulignant que la culture et la religion apparaissent comme des freins à l'exogamie. Le Cevipof [3] souligne par exemple

---

1. Secrétariat général du Comité interministériel de contrôle de l'immigration, « Les orientations de la politique de l'immigration », rapport au Parlement, décembre 2008.

2. « Parcours et profils des migrants », DREES, ministère du Travail, 2006.

3. Sylvain Brouard, Vincent Tiberj, *Français comme les autres ? Enquête sur les citoyens d'origine maghrébine, africaine et turque*, Presses de Sciences-Po, 2005.

que les Français issus de l'immigration se montrent plus conservateurs en matière de mœurs. Ce rigorisme, essentiellement porté par les jeunes hommes musulmans, explique que les familles musulmanes refusent souvent les mariages exogames pour leurs filles.

Le recul de la mixité

Les dynamiques foncières mais aussi le changement de nature de l'immigration ont fortement contribué à ce recul de la mixité. Jusqu'aux années 1970, l'immigration de travail était le fait de jeunes hommes célibataires. La constitution de famille passait souvent par l'union d'un étranger avec une Française. Inversement le passage, après 1974, d'une immigration de travail à une immigration familiale a renforcé les unions endogames. Par la suite, l'homogénéisation des territoires provoquée par l'intensification des flux migratoires, leur concentration et le départ des populations d'origine française, ont réduit mécaniquement le contact entre Français et étrangers.

L'analyse de l'évolution du voisinage des enfants d'origine étrangère entre 1968 et 1999 [1] montre que si les enfants d'immigrés originaires d'Europe du Sud ont vu la possibilité d'avoir des voisins d'origine française s'accroître, cette tendance est inverse pour les enfants d'immigrés originaires de pays extra-européens. Cela est particulièrement vrai pour les enfants dont les parents sont originaires du Maroc, d'Afrique subsaharienne et de Turquie dont le voisinage était en moyenne composé de seulement 40 % de Français d'origine. Ce constat est

---

1. Bernard Aubry (Insee) et Michèle Tribalat (Ined), « Les voisins des jeunes d'origine étrangère en France », 2009.

d'autant plus préoccupant que, comme l'a souligné Éric Maurin [1], le voisinage joue sur le destin scolaire des enfants. Cette évolution ne peut que nous interroger sur l'état de la cohésion nationale. D'autant plus que sur la même période, on constate que le voisinage des jeunes Français dont les deux parents sont nés en France est composé à plus de 80 % d'enfants de la même origine. Dit autrement, le voisinage des jeunes Français d'origine française ne s'est pas trouvé modifié par l'augmentation de 11,7 à 16,9 % des jeunes Français d'origine étrangère entre 1968 et 1999. Ce constat illustre non seulement un recul de la mixité, mais aussi une dynamique de séparation au sein même des milieux les plus modestes.

En réalité, quand elle n'est pas initiée par les pouvoirs publics, la mixité recule rapidement. Cette situation est particulièrement visible dans le logement où, contrairement aux idées reçues, la mixité est plus grande dans le parc social que dans le parc privé. Ce résultat est à mettre à l'actif de la seule politique de peuplement des bailleurs sociaux qui, pour leur plus grande part, ont cherché à maintenir un bon niveau de mixité sociale et culturelle. Inversement, quand le peuplement n'est pas organisé par les pouvoirs publics, on observe un regroupement en fonction du niveau social mais aussi par nationalité et origine. Un phénomène qui s'observe tout autant dans les copropriétés privées huppées des beaux quartiers ou dans les communes riches que dans les copropriétés privées dégradées, comme c'est le cas par exemple à Clichy-sous-Bois. Les lotissements privés des banlieues pavillonnaires témoignent aussi de cette réalité.

Le maintien de la mixité dans les collèges des grandes métropoles relève de la même logique. Le premier bilan

---

1. Éric Maurin, *op. cit.*

de l'assouplissement de la carte scolaire [1], décidée en 2007 et qui concernait en priorité les handicapés et les boursiers, indique ainsi qu'en trois ans, 186 des 224 des établissements classés « ambition réussite » ont perdu une partie de leurs effectifs. Pour les chefs d'établissement, il existe bien une nette corrélation entre cette mesure et la baisse du nombre de leurs élèves. Le rapport souligne par ailleurs que l'assouplissement de la carte scolaire a augmenté la mobilité non seulement d'un établissement public à un autre (+ 18,9 %), mais aussi vers le privé (+ 9,5 %).

Ainsi, il paraît évident que sans une politique active des pouvoirs publics qui passe, à l'école, par un refus des demandes de dérogations et, dans le logement, par une politique de peuplement, la mixité recule rapidement en laissant le champ libre à la communautarisation. L'objectif de mixité est essentiellement plébiscité par les couches supérieures [2], c'est-à-dire celles qui pratiquent le plus l'évitement. Ainsi elles imposent indirectement aux seules catégories populaires une mixité qu'elles contournent elles-mêmes, que ce soit pour l'école ou le logement. Mais aux yeux des classes dominantes, c'est le peuple qui est intrinsèquement raciste [3], c'est donc aux couches populaires qu'il convient en priorité d'imposer « un vivre ensemble éducatif ». Naturellement immunisées contre ces bas instincts, les couches supérieures plébiscitent la ville mixte mais en s'en protégeant.

---

1. « Enquête sur l'assouplissement de la carte scolaire : premiers résultats », SNPDEN, *Éducation et pédagogie*, n° 178, 2010.
2. Sondage consacré à la mixité sociale, ministère de l'Équipement, 1999.
3. Michel Wieviorka, *La France raciste*, Seuil, 1992 ; Bernard-Henri Lévy, *L'Idéologie française*, Grasset, 1981.

Cette représentation d'un peuple *a priori* xénophobe est au cœur d'un malentendu croissant. Contrairement à l'image du « Dupont Lajoie », les couches populaires ont montré un calme remarquable face à l'immigration [1] et un attachement sans faille aux valeurs républicaines. Contrairement à la réalité anglo-saxonne, les couches populaires françaises ne sont pas racialistes. En milieu populaire, les mariages mixtes (ethniquement ou culturellement) ne soulèvent d'ailleurs que rarement des oppositions de principe [2], ce métissage étant considéré comme une aventure individuelle. On est bien loin de la vision des classes dominantes pour qui le métissage est aussi une question idéologique. Cela n'empêche pas les « croyants » de la mixité (qui ne la pratiquent pas) comme les « pratiquants » (ceux qui n'en veulent plus) de contribuer au développement des pratiques séparatistes.

Mixité et communautarisation

La mixité est généralement considérée comme le rempart le plus efficace à la communautarisation. La situation du XIXe arrondissement, un des lieux de France où la mixité sociale, ethnique et résidentielle est la plus forte, tend à relativiser cette idée. On estime que l'arrondissement accueillerait à parts à peu près égales Européens, Asiatiques, Maghrébins ou Subsahariens tandis que la communauté des croyants se répartirait équitablement entre chrétiens, juifs et musulmans. Dans l'absolu,

---

1. La Commission nationale consultative des droits de l'homme confirme la faiblesse relative des actes de violences racistes.
2. Un sondage IFOP/*La Vie*/RCF des 19 et 20 février 2009 révélait que seuls 27 % des Français repoussaient l'idée d'une union avec une personne d'origine arabe, 21 % pour un Africain, 14 % pour les Asiatiques.

et si ces proportions étaient confirmées, ce qui n'est pas le cas puisqu'il n'existe pas de recensement ethnique ou religieux de la population, cet arrondissement représenterait l'idéal de la « ville mixte ».

La mixité sociale de cet arrondissement parisien repose sur une importante mixité résidentielle. Un parc de logements privés côtoie un important parc de logements sociaux. Depuis le début des années 1990, le parc privé s'est embourgeoisé tandis que le parc social se précarisait. Cette structuration sociale du territoire s'est accompagnée d'une dynamique de regroupement des populations par origine. La communauté juive Loubavitch s'est tournée vers une partie du parc privé tandis que des populations immigrées d'origine maghrébine et africaine se concentraient plutôt dans le parc social ou privé dégradé. Très rapidement, les secteurs habités par les ménages juifs ont été identifiés comme des zones prospères face à des cités en difficulté. Cette photographie caricaturale ne reflète que partiellement une réalité socialement beaucoup plus contrastée où les ménages juifs pauvres sont très nombreux tandis qu'émerge une petite bourgeoisie maghrébine.

La multiplication des commerces communautaires, juifs, asiatiques, maghrébins, africains, a eu pour effet de renforcer la division ethnoculturelle de l'espace à l'échelle de la rue, de l'îlot ou de l'immeuble, la perceptibilité de la communauté juive puis musulmane faisant par ailleurs émerger le phénomène religieux dans la sphère publique. Cette visibilité des communautés est un point essentiel. Dans les sociétés multiculturelles, l'origine, l'ethnie ou la religion sont souvent brandies comme des étendards. La mixité multiculturelle se confond avec une visibilité des origines qui exacerbe les tensions. Un quart des actes antisémites enregistrés à Paris ont été commis dans le XIXe arrondissement.

Aujourd'hui, le séparatisme entre communautés semble peu à peu s'imposer. Sur un même territoire, elles sont désormais séparées dans le logement mais aussi à l'école. Les collèges publics sont ainsi de plus en plus contournés par les catégories supérieures mais aussi par la communauté juive. Longtemps présenté comme un exemple de mixité, l'arrondissement est aujourd'hui dans une situation difficile. Le maire, qui a créé des « comités du vivre ensemble », constate que « la dualité est une situation périlleuse et pourrait alimenter le sentiment de colère [1] ». Un sentiment de colère qui s'est exprimé le 20 juin 2010 dans un arrondissement limitrophe, le XXe arrondissement, dans le quartier multiculturel et boboïsé de Belleville. Comme nous l'avons rappelé au début de ce texte, la plus grande manifestation [2] jamais organisée par la communauté asiatique de France s'est achevée sur de graves violences communautaires. À Belleville, comme dans la plupart des quartiers mixtes des grandes villes, le discours sur le « vivre ensemble » ne masque plus la montée conjointe du communautarisme et des tensions.

---

1. Cécilia Gabizon, « Inquiétante montée de la violence dans le XIXe », *Le Figaro*, 27 octobre 2008.
2. Émilie Brouze, *op. cit.*

10

Vivre ensemble séparés ?

Dans un sondage réalisé en 2010 [1], 77 % des Français affirment apprécier de vivre dans une société où règne une grande diversité des origines et des cultures, 27 % qualifiant cette situation « de très bonne chose », 50 % de « bonne chose ». Inversement, ils n'étaient que 17 % à considérer qu'il s'agissait d'une mauvaise chose. Cet unanimisme masque mal une autre réalité, celle d'un séparatisme qui tend à se généraliser à l'ensemble des catégories sociales. Tout se passe comme si l'on acceptait le principe de « vivre ensemble », mais sur des territoires séparés. Les ressorts de ce séparatisme et les pratiques mises en œuvre diffèrent cependant sensiblement selon que l'on appartienne aux couches supérieures ou à des catégories plus modestes.

Le séparatisme « républicain » des couches supérieures

Le séparatisme des couches supérieures n'est pas un phénomène nouveau. Les quartiers huppés des grandes villes sont l'illustration du grégarisme traditionnel de la bourgeoisie qui, si elle clame la mobilité pour les autres, est soucieuse de sa bulle. Avec l'étalement urbain et la gentrification des métropoles, de nouvelles enclaves

---

1. Enquête TNS/Sofres, « Les Français et la diversité », février 2010.

bourgeoises sont apparues à l'extérieur de la ville dense. Les premiers lotissements sécurisés ont ainsi fait leur apparition au cours des années 1990 dans les régions parisiennes et toulousaines. Importé des États-Unis, ce modèle de développement urbain séparé ne connaît cependant qu'un succès limité. Il faut dire que, contrairement à la situation qui prévaut aux États-Unis, il est plus difficile d'assumer en France un mode d'habiter qui affiche clairement la volonté de vivre à l'écart de « l'autre » (ne l'oublions pas, l'immense majorité des Français « apprécient de vivre dans une société où règne une grande diversité des origines et des cultures »). D'ailleurs, et à l'exception des quartiers huppés des grandes villes, le séparatisme des catégories supérieures est, en France, rarement ostensible.

Le grégarisme de la bourgeoisie se déploie discrètement, par exemple, dans certains petits villages, ceux que les revues d'immobilier désignent comme les « beaux villages de France ». C'est souvent là, dans ces villages traditionnels, que se concentrent des ménages à très hauts revenus. Le cachet de ces communes n'explique pas seul cet engouement. Certains villages sont en effet plus prisés que d'autres, notamment ceux situés à proximité des grandes métropoles. La concentration de hauts revenus dans ces petites communes est un des effets de la métropolisation et de l'émergence d'une nouvelle bourgeoisie. Cette nouvelle classe, constituée essentiellement de salariés des secteurs les plus actifs de l'économie-monde, ne se confond pas avec la bourgeoisie patrimoniale. Elle est à l'origine d'une évolution de la « géographie de la richesse ». Cette dernière, pour partie héritée du XIXe siècle, évolue avec la métropolisation. Le chemin du séparatisme ne passe plus seulement par Neuilly, mais aussi par les « villages chics » de la périphérie des grandes métropoles.

La comparaison entre la carte de la bourgeoisie patrimoniale et celle des hauts revenus illustre cette évolution. Le repérage des communes où se concentrent le plus de ménages qui paient l'ISF permet de dessiner la carte de la bourgeoisie patrimoniale, c'est-à-dire une bourgeoisie « traditionnelle » née avec la révolution industrielle. Sans surprise, les communes situées à proximité des anciens foyers industriels apparaissent. Avec Paris, les départements du Rhône et du Nord sont logiquement dominants. Dans le Rhône, les communes de Lyon, Sainte-Foy-lès-Lyon, Caluire-et-Cuire concentrent le plus de « ménages ISF ». Dans le Nord, on retrouve les communes de Croix et Marcq-en-Barœul près de Lille. Les traditionnels lieux de villégiature de la bourgeoisie se distinguent aussi. La côte méditerranéenne et notamment Menton, Hyères, Nice ou Antibes concentrent ainsi un nombre important de « ménages ISF ».

Cette géographie qui illustre le grégarisme traditionnel de la bourgeoisie ne dit rien des dynamiques récentes. La géographie des petites communes où se concentrent les plus hauts revenus (et non les ménages ISF) permet de repérer les territoires où se rassemble une nouvelle bourgeoisie dont le patrimoine est en cours de constitution. Si nombre de « villages chics » se situent dans l'Ouest et le Sud parisien, le phénomène concerne aussi certaines communes proches des métropoles de Grenoble, Lyon, Annecy, Toulouse, Montpellier, Dijon et Lille. Toutes ces communes offrent la proximité d'un marché de l'emploi très qualifié, mais permettent aussi un entre-soi protecteur de la mixité qui caractérise les grandes villes. Contrairement aux lotissements sécurisés ou même aux quartiers huppés, ce mode d'habitat n'est pas ostentatoire et répond aux exigences du politiquement correct. Par ailleurs, ce choix résidentiel présente un autre avantage : il protège de la loi SRU. La localisation dans une petite commune et à l'extérieur des grandes agglomérations met *a priori* les habitants à l'abri de la loi qui impose 20 % de logements sociaux dans les communes situées dans une agglomération de plus de 1 500 habitants en Île-de-France et de plus de 3 500 dans les autres régions.

Quartiers huppés, lotissements sécurisés ou villages pour riches, le séparatisme de la bourgeoisie peut prendre des formes très différentes, mais traduit dans tous les cas une volonté de ne pas côtoyer dans son quotidien la diversité sociale et ethnique. Mais ce grégarisme « traditionnel » de la bourgeoisie n'illustre qu'une des dimensions du séparatisme des couches supérieures. L'émergence d'une nouvelle classe aisée, urbaine, plus jeune, disposant de revenus moins élevés et plus en phase avec le cosmopolitisme, a contribué à développer de nouvelles pratiques d'évitement au cœur de la ville mixte. Ces pratiques, habillées aux couleurs de la République et de la mixité, font ainsi naître un séparatisme d'un nouveau genre, le « séparatisme républicain ».

Ce « séparatisme républicain » est pratiqué par la nouvelle petite bourgeoisie qui a élu domicile dans les anciens quartiers populaires des grandes villes : les fameux bourgeois bohèmes. Si ces bobos ne se confondent pas avec la bourgeoisie traditionnelle, bourgeoisie qu'ils stigmatisent au contraire pour son égoïsme et son grégarisme social, ils ne représentent pas moins les couches supérieures des quartiers populaires. Moins fortunés et plus intellectuels, les bobos ne possèdent pas encore le capital des vrais riches. Leur patrimoine, notamment immobilier, est cependant en voie de constitution grâce à l'acquisition massive de biens immobiliers qui appartenaient naguère à des habitants aux revenus modestes. Contrairement à la bourgeoisie traditionnelle, les bobos vivent dans des quartiers marqués par une très grande mixité sociale et ethnique. Ce choix résidentiel, souvent imposé par des opportunités foncières, témoigne *a priori* d'une plus grande tolérance à la diversité sociale et culturelle. Les bobos portent ainsi très haut l'argumentaire du « vivre ensemble ».

Dans ces quartiers, ce discours vient opportunément masquer la violence sociale engendrée par l'appropriation d'un parc de logements et de quartiers hier populaires. Il permet par ailleurs d'occulter le rapport de classes, pourtant très marqué, entre les bobos et les couches populaires. D'autre part, si le séparatisme « républicain » des bobos s'oppose idéologiquement au séparatisme traditionnel et plus assumé de la bourgeoisie, il n'en est pas moins le moteur d'une ségrégation résidentielle et scolaire moins visible, mais qui rappelle que le grégarisme social est un des fondamentaux de la bourgeoisie. À cet égard, les bobos ne font pas exception.

Boboland

L'analyse fine des quartiers mixtes des grandes villes montre ainsi une très grande segmentation du parc de logements. Dans ces quartiers en voie de gentrification, des copropriétés privées peuvent côtoyer, sur le même îlot, des groupes de logements sociaux ou d'immeubles privés précarisés. Cette fracture spatiale et sociale en forme de tache de léopard est aussi une fracture ethnoculturelle. Dans les quartiers du Nord et de l'Est parisien, ceux qui s'embourgeoisent le plus rapidement depuis les années 1990, il n'est pas rare de trouver des copropriétés privées occupées exclusivement par des bobos, « blancs », jouxtant des immeubles où demeure une majorité de ménages précarisés d'origine maghrébine et africaine. Ces copropriétés privées, immeubles anciens, espaces industriels ou artisanaux réhabilités ou constructions nouvelles, se multiplient dans l'ensemble des anciens quartiers populaires. Ces espaces, souvent sécurisés, sont autant d'enclaves sociales. Ces espaces homogènes socialement et culturellement illustrent les limites de la « ville mixte ».

Vus d'avion, ces quartiers illustrent apparemment l'idéal de la ville mixte, leur diversité sociale et culturelle étant une réalité perceptible dans l'espace public. En plan rapproché, la ville « arc-en-ciel » laisse la place à un découpage du parc de logements qui nous ramène plus à l'Afrique du Sud au temps de l'apartheid. Une situation qui risque de perdurer du fait du renchérissement du foncier. En effet, les nouvelles populations immigrées ont toujours plus de difficulté à accéder à un parc de logements privés de plus en plus valorisé et qui attire des catégories sans cesse plus aisées. Dans le même temps, le parc social tend à se spécialiser davantage dans l'accueil de populations précarisées et immigrées.

On a coutume d'opposer l'ouverture de la ville mixte à l'entre-soi xénophobe de la France pavillonnaire. L'analyse des stratégies résidentielles dans les quartiers hétérogènes et « boboïsés » montre que l'entre-soi des couches supérieures ne se porte pas mal dans les quartiers multiculturels. Le grégarisme résidentiel des bobos, avec digicode et interphone, n'a en réalité pas grand-chose à envier en matière de délimitation d'une sphère privée au petit lotissement [1].

---

1. Vincent Casanova, Joseph Confavreux, « La France pavillonnaire », *Vacarme*, n° 42, hiver 2007-2008.

Du séparatisme scolaire

Les quartiers mixtes se caractérisent aussi, comme nous l'avons déjà noté, par l'importance des pratiques d'évitement scolaire. Dans l'ensemble des zones en voie de gentrification, l'augmentation du nombre de cadres et de professions intellectuelles ne s'est pas accompagnée dans les collèges d'une augmentation équivalente de la part des enfants issus de ces catégories supérieures. Les analyses réalisées dans les quartiers parisiens [1] montrent au contraire un processus de « désolidarisation » des collèges avec leur environnement sociologique. Si les écoles élémentaires bénéficient de l'embourgeoisement des quartiers, il apparaît que cette évolution touche peu les collèges. Les bobos jouent le jeu de la mixité scolaire à l'école élémentaire, mais semblent réticents à scolariser leur progéniture dans les collèges multiethniques des grandes villes.

Comme pour le logement, le séparatisme scolaire revêt aussi une dimension ethnoculturelle. C'est d'ailleurs ce critère qui, pour le sociologue Georges Felouzis [2], est le plus déterminant dans le processus de ségrégation scolaire. Le chercheur souligne ainsi que les couches supérieures mettent en avant le niveau scolaire des élèves pour éviter un collège, mais qu'ils se déterminent en réalité sur l'origine des élèves et notamment la couleur de la peau. Les collèges où se concentrent des élèves maghrébins et subsahariens seront contournés en priorité. Georges Felouzis rappelle que les pratiques d'évitement

---

1. Christophe Guilluy, Christophe Noyé, *op. cit.*
2. Georges Felouzis, Françoise Liot et Joëlle Perroton, *L'Apartheid scolaire*, Point Seuil, 2007.

se développent aussi à l'intérieur des collèges. « Dans certains établissements, minoritaires, les directeurs choisissent cette forme de ségrégation interne pour garder les enfants de "bobos" dans leur collège. C'est une sorte de compromission qui produit une ségrégation interne à l'établissement et qui a effectivement des conséquences très négatives sur la scolarité des élèves. » Ces pratiques prennent souvent la forme de création d'options rares dans les collèges. Il s'agit par exemple de classes « européennes », ou de classes réservées aux élèves musiciens, ou encore de classes qui pratiquent des langues peu usitées.

Inévitablement, cette stratégie divise la population de l'établissement en fonction du niveau scolaire et presque « naturellement », cela produit une ségrégation ethnique et sociale. Cette analyse est confirmée par l'observation de certains collèges de quartiers gentrifiés où des classes majoritairement « bobos/classes moyennes » (lire Blancs) côtoient parfois des classes majoritairement « immigrées » (lire Maghrébins et Noirs). Les enfants des bobos se retrouvent dans les meilleures classes, les enfants d'immigrés se concentrent dans les classes où l'échec scolaire est le plus important et où l'orientation en BEP sera la norme. Des logiques de séparations sociales et ethnoculturelles s'observent aussi à l'intérieur des mêmes classes. Si ces stratégies résidentielles et scolaires n'interdisent pas de réelles solidarités (soutien scolaire, défense des sans-papiers et de leurs enfants), il apparaît que le séparatisme discret des couches supérieures s'impose pourtant à l'ensemble des quartiers dits « mixtes ».

Le séparatisme des couches populaires

Le séparatisme social de « ceux d'en haut » n'est pas nouveau. Des populations aisées des quartiers ou communes huppés aux bobos de quartiers mixtes, les couches supérieures ont toujours mis à distance les catégories sociales inférieures. La nouveauté tient à l'émergence d'un « séparatisme d'en bas » plus préoccupant encore pour la cohésion nationale.

Contrairement à la situation qui prévaut dans les pays anglo-saxons et singulièrement aux États-Unis, ce n'est pas le racialisme qui explique ces dynamiques. Si la racialisation des rapports sociaux explique pour partie la répartition des communautés sur le territoire américain, en France, ce sont d'abord les dynamiques urbaines et démographiques qui ont favorisé le séparatisme au sein des milieux populaires. Ce n'est que dans un deuxième temps que les pratiques d'évitement se sont renforcées sur une base « ethnoculturelle ».

Un grand chassé-croisé

Bien qu'ils ne l'annoncent jamais « officiellement », les responsables politiques vivent tous avec la crainte de la consolidation d'une géographie ethnoculturelle qui opposerait des banlieues ethnicisées à une France blanche périurbaine et rurale. Cette conception est évidemment caricaturale puisque aucun de ces espaces n'est homogène socialement et culturellement, mais elle a le mérite de souligner que les ressorts du séparatisme ne sont plus seulement « sociaux ». Et cela pose un ensemble de questions très sensibles qu'il sera de plus en plus difficile d'esquiver. Quels sont les ressorts de ce séparatisme ? Comment expliquer que l'ouvrier d'origine française ou européenne ne vive plus sur le même territoire que l'employé d'origine extra-europénne ? Pourquoi la localisation des nouvelles vagues d'immigration ne se confond-elle plus avec celle des couches populaires ? Si les pratiques d'évitement résidentiel, et notamment dans les quartiers ethnicisés, contribuent évidemment à renforcer le séparatisme au sein des milieux populaires, elles n'expliquent pas l'ampleur du phénomène et surtout n'en représentent pas la cause. En réalité, le séparatisme territorial est d'abord la conséquence de logiques foncières et économiques qui ont contribué à un immense chassé-croisé entre catégories populaires. Entamé dans les années 1970-1980, ce chassé-croisé s'est accéléré dans les années 1990-2000. Cette recomposition démographique des territoires a conduit une majorité d'employés, ouvriers (actifs ou retraités) à quitter les quartiers populaires des grandes métropoles tandis que, dans le même temps, une nouvelle immigration, extra-européenne, s'y concentrait.

Le départ des couches populaires en dehors des grandes villes, provoqué dans un premier temps par le redéploiement du secteur industriel, s'est accéléré avec la flambée des prix de l'immobilier. Cet exode urbain des métropoles vers cette France périphérique a concerné tout autant les catégories populaires d'origine française que les catégories populaires d'immigration ancienne. Le parcours résidentiel des Français d'origine italienne, espagnole ou portugaise des quartiers de logements sociaux vers les territoires périurbains et ruraux se confond avec celui des Français d'origine française[1]. Aujourd'hui, comme nous l'avons vu, une part majoritaire des couches populaires d'origine française et européenne se fixe donc en France périphérique.

En parallèle de ce mouvement, dès la fin des années 1970, l'immigration extra-européenne a opéré le chemin inverse en se massifiant dans les quartiers de logements

---

1. Français dont les deux parents sont nés en France.

sociaux des grandes villes. Pour la première fois, les couches populaires immigrées ont occupé des lieux où les catégories populaires d'origine française n'étaient plus majoritaires. Contrairement à la situation qui prévalait jusqu'alors, le voisinage est devenu de moins en moins d'origine française. Le passage d'une immigration de travail à une immigration familiale a renforcé peu à peu la typologie des quartiers et communes d'immigration.

Avec les décennies 1990-2000, la poursuite de la recomposition économique et les logiques foncières ont concouru au recul de la cohabitation traditionnelle entre couches populaires d'origine européenne et d'immigration extra-européenne. Le processus s'est accéléré avec la généralisation des pratiques d'évitement. Les couches populaires d'origine française et européenne évitent désormais soigneusement les quartiers ethnicisés, tandis que le regroupement familial favorise la concentration des minorités ethniques. Ces tendances ne résument évidemment pas la diversité des situations. L'esquive des quartiers difficiles peut aussi concerner des ménages issus de l'immigration extra-européenne.

Le destin de l'autochtone

Si le séparatisme au sein des milieux populaires s'explique par des dynamiques sociodémographiques, il est également la résultante d'un rapport singulier au territoire. C'est précisément la remise en cause de cet attachement territorial qui est une des raisons majeures du développement du séparatisme au sein des milieux populaires.

Pour le comprendre, il faut faire appel à une figure oubliée et décriée, celle de l'« autochtone ». Si l'évocation de son existence pose problème en France, il faut noter que les pays anglo-saxons et d'Europe du Nord utilisent ce terme sans difficulté. En effet, il ne s'agit pas d'évoquer les descendants d'un peuple indigène ou les représentants de la « France blanche », mais de comprendre la relation entre « ceux qui sont nés là » et « ceux qui arrivent là ». Tout se passe comme si, à l'heure de la mondialisation, il fallait effacer la figure du « natif », et surtout celle du « sédentaire ». Dans une société où la mobilité est devenue un horizon indépassable, l'évocation de « celui qui est originaire du territoire sur lequel il vit » devient impossible. L'autochtone est irréconciliable avec l'idéologie dominante. Inerte, replié sur son territoire, l'autochtone s'oppose *a priori* au métissage. Dans une société qui valorise plus que jamais les origines extranationales, l'enracinement local place définitivement le sédentaire en dehors du cercle médiatique et politique. Exit donc l'autochtone.

En réalité, cette fascisation du « natif » ne cherche pas à lutter contre une résurgence fantasmatique de la nation ethnique ou maurassienne. Elle s'inscrit dans un projet idéologique et économique qui vise à légitimer la recomposition sociale et démographique. La disparition de la figure de l'autochtone permet de présenter la transformation sociodémographique des territoires comme un processus naturel et positif. C'est vrai pour l'immigration, toujours abordée « du point de vue de l'immigré », mais aussi de l'embourgeoisement des métropoles, toujours abordé « du point de vue du gentrificateur », c'est-à-dire des couches supérieures. Le sentiment de « celui qui arrive » est toujours mis en avant, rarement celui du natif. L'arrivée des bobos dans les quartiers populaires des grandes villes a ainsi donné lieu à de multiples études ou reportages dans lesquels l'avis de l'autochtone n'est jamais pris en compte. Sur ces territoires, les natifs, de l'ouvrier retraité d'origine française au jeune issu de l'immigration, n'ont pas voix au chapitre. Seule compte l'arrivée de ces nouvelles catégories sociales avides de mixité.

Dans le même ordre d'idées, la question de l'immigration n'est que très rarement analysée comme une histoire double, celle de l'immigré mais aussi celle de l'accueillant. La recomposition démographique des territoires semble se réaliser sur des zones sans histoire. À ce titre, il est remarquable de constater la vitesse avec laquelle l'histoire des quartiers populaires se résume aujourd'hui à celle de l'immigration. Il y a seulement quelques dizaines d'années, les banlieues et les quartiers populaires des grandes villes étaient pourtant essentiellement peuplés « d'autochtones », les immigrés y étant minoritaires.

Si l'invisibilité politique des couches populaires contribue à l'occultation de la question sociale, la disparition de la figure de l'autochtone permet quant à elle d'occulter le rapport singulier au territoire des catégories les plus modestes. Après le capital social et le capital politique, c'est donc le capital d'autochtonie des couches populaires qui est contesté.

Jean-Noël Retière [1] montre la place centrale que revêt, pour les classes populaires, le fait ou le sentiment de l'enracinement local. Ce dernier, source de liens sociaux, fonctionne comme un « capital d'autochtonie ». Face à la mondialisation et au processus de désaffiliation, ce capital d'autochtonie est une ressource essentielle pour les catégories populaires. Plus que le sentiment d'appartenance de classe, il apparaît que ces réseaux relationnels

---

1. Jean-Noël Retière, « Autour de l'autochtonie : réflexions sur la notion de capital social populaire », *Politix*, n° 63 (vol. 16), 2003.

représentent le « capital du pauvre [1] ». Cet attachement n'est pas le propre des espaces ruraux ni des milieux ouvriers, il est aussi une réalité dans de nombreux quartiers populaires. C'est d'ailleurs en banlieue que la thématique du « territoire », de « l'appartenance à un quartier », a ressurgi. L'attachement à un territoire, à une cité, participe alors à une construction identitaire. Dans les quartiers à forte population immigrée, le regroupement communautaire participe aussi au développement de ce capital d'autochtonie.

Le problème est que le renforcement des liens sociaux sur une base communautaire exclut de fait les populations qui n'appartiennent pas à ces nouvelles communautés. Cette perte du capital d'autochtonie est l'une des causes de la fuite de ces quartiers mais aussi du regroupement dans des espaces périurbains et ruraux de ces catégories modestes d'origine française ou d'immigration ancienne.

Changement de statut

Plus qu'un basculement racialiste, c'est d'abord l'évolution du rapport complexe entre « autochtone » et « immigré » qui explique l'accentuation du séparatisme au sein même des milieux populaires. L'équilibre fragile entre « accueillant » et « arrivant » a été remis en cause par la permanence et l'accentuation des flux migratoires qui ont transformé le statut même de l'autochtone.

Cette évolution est la conséquence du changement de nature de l'immigration. L'immigration d'hier était d'abord une histoire individuelle dont le destin était de

---

1. Nicolas Réhany, *Les Gars du coin. Enquête sur une jeunesse rurale*, La Découverte, 2005.

se fondre dans les milieux populaires du pays d'accueil, souvent par le mariage. Dans ce contexte, l'autochtone était une figure « référente » à laquelle l'immigré pouvait s'identifier. Ce « statut-référent » permettait à l'autochtone d'accepter l'immigration comme un processus naturel et sans danger pour la culture dominante. Dans le même temps, l'immigré s'adaptait plus ou moins rapidement à cette culture dominante en s'identifiant à ceux qui la représentaient. Cette dynamique favorisait l'assimilation mais contribuait aussi à valoriser l'autochtone. C'est ce statut de « référent culturel » qui a volé en éclats avec la fin de l'immigration de travail et le développement de l'immigration familiale dans les années 1970-1980. L'intensification de ces flux migratoires a fait perdre à l'autochtone son statut de « prescripteur culturel ». Dans le même temps, et tandis qu'on assistait sur certains territoires à un basculement démographique, les minorités devenant majorité, l'autochtone devait faire face non seulement à une modification de son cadre de vie, mais aussi à une modification de son statut : il n'était plus désormais celui à qui on devait s'apparenter, mais souvent celui à qui on ne devait pas ressembler. Dans ce contexte, l'immigration s'apparente à un lent processus de déclassement social mais aussi à une forme de déstructuration culturelle. Avec un climat économique de plus en plus tendu, cette situation devient difficilement supportable pour des milieux populaires frappés par l'insécurité sociale et une altération de leur statut dans leurs quartiers.

Un double mouvement d'arrivée de populations extra-européennes et de départ de populations d'origine française ou européenne s'opère alors dès la fin des années 1970 dans la plupart des quartiers populaires et notamment dans les logements sociaux des grandes villes. Ce mouvement, que l'on confond sciemment avec une fuite des classes moyennes, a concerné pour l'essentiel des catégories modestes, des ouvriers et des employés.

Pour ceux qui n'ont pu partir, ménages monoparentaux, chômeurs ou retraités modestes, les pratiques d'évitement se développent alors à l'intérieur du parc social et parfois à l'échelle de l'immeuble. Ces stratégies résidentielles aboutiront parfois à des regroupements des populations selon les origines. On accuse souvent les bailleurs d'avoir organisé sciemment cette politique de peuplement, c'est oublier qu'elle répondait aussi à la demande des ménages d'origine française ou européenne. À ce titre, la stigmatisation par les médias des bailleurs sociaux et de leur politique de peuplement est particulièrement injuste. S'il ne fait pas de doute que certaines communes et bailleurs ont mené une politique ségrégative, et que le parc le plus dégradé a parfois été attribué en priorité aux populations immigrées, ces pratiques ne reflètent qu'une partie de la réalité. Les bailleurs sociaux ont ainsi plus subi qu'organisé les pratiques d'évitement et le regroupement des populations selon leur origine. Laisser entendre qu'ils ont organisé une forme d'apartheid ethnique revient à nier des dynamiques de séparation et de regroupement suscitées par les habitants.

Ces pratiques d'évitement à l'intérieur du parc social ont été renforcées par un mouvement encore plus déterminant : l'évitement systématique des quartiers ou immeubles qui concentrent les minorités ethniques. Il faut en effet rappeler que ce n'est pas la fuite des catégories d'origine française ou européenne qui explique l'ethnicisation de certains quartiers, mais d'abord le choix des ménages populaires de ne pas s'y s'installer. Les bailleurs sociaux et gardiens d'immeubles confirment que les appartements situés dans des immeubles ethnicisés sont systématiquement refusés par des ménages d'origine française ou européenne, même quand ils sont modestes. Ces pratiques d'évitement, parfaitement connues des bailleurs et des élus, ne sont pas l'illustration d'un séparatisme social entre classes moyennes et classes populaires, mais bien d'un « séparatisme entre pauvres » dont la dimension culturelle prédomine. À catégories sociales équivalentes, une part importante des couches populaires refuse désormais le « vivre ensemble ». Un constat qui remet en cause l'idée que le séparatisme n'aurait que des causes sociales.

Refus du « vivre ensemble » : des causes multiples

On attribue généralement la volonté de « ne pas vivre ensemble » au racisme supposé des couches populaires. Cette accusation erronée, qui relève en réalité d'une profonde méconnaissance des catégories populaires par les classes dominantes, interdit une analyse des causes, souvent rationnelles, qui conduisent au séparatisme.

À cet égard, l'analyse de ce phénomène dans les quartiers difficiles, ceux que l'on quitte et que l'on évite le plus, permet d'éclairer plus justement le processus. On oublie ainsi très souvent de lier le développement du séparatisme à la montée de la délinquance et des violences dans les quartiers qui concentrent les dernières vagues d'immigration. En fait, il est plutôt rationnel de vouloir quitter ou de refuser d'habiter dans des quartiers où la sécurité des personnes et des biens n'est pas suffisamment assurée. De la même manière, il semble assez logique de chercher à éviter les collèges de ces territoires parce qu'ils concentrent aussi les faits de violence les plus nombreux. La dimension raciale n'apparaît pas ici comme le ressort essentiel du séparatisme. De la même manière, le basculement démographique de certains territoires a contribué au départ de nombreux habitants. Faut-il y voir une poussée du racisme ou la réaction banale d'une population autochtone qui vit mal la disparition d'un univers familier ? Par ailleurs, on mesure peu le choc qu'a pu constituer l'émergence du multiculturalisme dans des quartiers populaires imprégnés d'égalitarisme républicain et souvent des valeurs du communisme. Leurs habitants ont difficilement vécu le développement du différencialisme, plébiscité par les classes dominantes, mais qui a contribué à une forme de racialisation des rapports sociaux.

Des tensions nouvelles voient ainsi le jour. Imperceptibles pour les élites, elles nourrissent au quotidien les frustrations qui conduisent au séparatisme. La « guerre des yeux » illustre parfaitement ces tensions non dites qui, au quotidien, s'avèrent particulièrement destructrices du lien social. Cette « guerre des yeux » n'est pas un phénomène nouveau. Les petits délinquants ont toujours cherché à marquer leur territoire en imposant à l'« étranger » de baisser les yeux. Elle s'est développée et complexifiée avec l'augmentation de la délinquance et l'émergence du multiculturalisme. L'enjeu de cette « guerre des yeux » n'est pas anodin : il s'agit de déterminer qui domine et qui est dominé, une question essentielle en milieu populaire, notamment pour les jeunes hommes. La question de la « domination territoriale » renvoie ainsi indirectement à celle de la maîtrise de son capital d'autochtonie. Dans un contexte multiculturel, cette question devient plus sensible et ce d'autant plus qu'avec le basculement démographique, l'ordre de la domination s'inverse. Une inversion qui explique pour partie par le ressentiment d'une partie des milieux populaires, et notamment des jeunes hommes, surreprésentés dans l'électorat du Front national. Dans de nombreux quartiers, la nouvelle minorité, souvent « blanche », celle qui n'a pu quitter les lieux, s'adapte à la culture dominante. Pour les retraités d'origine française ou européenne, encore très présents dans ces quartiers, cette adaptation passe souvent par une fréquentation de plus en plus réduite de l'espace public. Une adaptation qui conduit parfois certains jeunes à s'assimiler à la culture majoritaire, par exemple en se convertissant à l'islam. Ces conversions offrent la possibilité de sortir de la marginalité d'une « communauté qui n'en est pas une » (celle des « petits Blancs ») pour intégrer la culture structurée du groupe majoritaire et dominant.

Ces petites tensions quotidiennes illustrent la complexité du multiculturalisme. Ce « multiculturalisme d'en bas » n'a pas grand-chose en commun avec la vision infantile des élites pour qui le multiculturalisme se résume à un brassage culturel « au sommet » qui ne peut évidemment qu'être positif. La rencontre des cultures ne se traduit pas par une « négociation partageuse », mais par un rapport de force où les groupes les plus structurés s'imposent. Ce constat n'exclut évidemment pas les échanges interculturels et des relations apaisées ; il induit en revanche une complexité du « vivre ensemble » dans des milieux par ailleurs minés par une grande insécurité sociale. Après avoir fait porter le poids de la mondialisation économique aux plus démunis, les classes dominantes imposent aux catégories populaires, « autochtone » ou « immigré », la réalité concrète du multiculturalisme... en s'en préservant. Abandonné au libéralisme économique et à l'insécurité sociale, il apparaît que le peuple doive faire face, seul, à l'émergence de la société multiculturelle.

La relocalisation des familles d'origine française et européenne

L'analyse des parcours résidentiels des ménages permet de cerner la réalité des dynamiques séparatistes. L'évolution du solde migratoire des départements est un premier indicateur. Les chiffres les plus récents [1] montrent que les départements qui concentrent le plus d'immigrés sont aussi ceux que l'on quitte le plus. C'est vrai pour l'ensemble des départements franciliens, y compris Paris, mais aussi, par exemple, pour le département du Rhône. Ces départements désertés attirent aussi beaucoup, notamment des cadres, des jeunes et des immigrés. Inversement, les départements qui attirent les populations fuyant ces grandes zones urbaines correspondent à des territoires à faible concentration d'immigrés récents. Cet exode urbain concerne des retraités, mais également des ménages aux revenus modestes.

Ces migrations ont des causes multiples – arrivée à l'âge de la retraite, désir de quitter la ville, pression foncière – qui nous empêchent de conclure à l'existence d'un « *white flight* [2] » à la française. On peut en revanche observer qu'à catégories sociales égales, certains territoires attirent plutôt les populations d'origine étrangère et d'autres des populations d'origine française ou d'immigration ancienne. Les études consacrées à l'évolution du nombre de jeunes d'origine française et étrangère [3] par

---

1. « Recomposition du territoire : les douze France » (à partir de données de 2005), *Population et Avenir*, n° 694, septembre-octobre 2009.
2. Cette expression anglo-saxonne décrit le départ des populations blanches de territoires où les minorités ethniques sont surreprésentées.
3. Michèle Tribalat, « Les concentrations ethniques en France », *Agir, revue générale de stratégie*, n° 29, janvier 2007.

communes permettent d'éclairer ces dynamiques. Alors que la part des jeunes d'origine française [1] n'a cessé de régresser depuis vingt ans sur l'ensemble du territoire, il apparaît qu'elle augmente dans de nombreuses communes, notamment périurbaines et rurales. Cette situation est la conséquence du redéploiement des ménages d'origine française à l'extérieur des grandes métropoles. Cette dynamique s'observe d'ailleurs autour de toutes les grandes agglomérations, y compris dans certaines communes de la deuxième et troisième couronne parisienne où pourtant la part des jeunes d'origine étrangère a le plus augmenté.

Le processus est encore remarquable autour des grandes villes du Sud : sous le double effet d'une baisse des populations immigrées d'origine européenne et d'une fuite importante des populations d'origine française des grandes villes, tous les secteurs périurbains et ruraux ont enregistré une augmentation sensible des populations d'origine française et singulièrement des jeunes. Ce « dynamisme autochtone », caractéristique de ces « communes périphériques » des régions du Sud, est par exemple très marqué à Gardanne. Dans cette ville, la progression en trente ans du nombre de jeunes ne doit rien à la présence d'enfants d'immigrés, dont le nombre s'est au contraire effondré, mais tout à l'augmentation de la population d'origine française dont la jeunesse s'est accrue de 68 %. Bon nombre de villages et d'espaces périurbains enregistrent des évolutions similaires notamment autour de Nice, Montpellier, Perpignan ou Marseille. Le dynamisme démographique des villages et espaces périurbains des alentours de Marseille doit ainsi

---

1. Jeunes de moins de dix-huit ans dont les deux parents sont nés en France.

beaucoup à l'installation de familles d'origine française et de rapatriés d'Algérie en provenance notamment des quartiers nord de Marseille où se concentrent désormais des populations issues de l'immigration. Ces évolutions nationales expliquent la surreprésentation des jeunes d'origine française dans les communes de moins de 10 000 habitants et, inversement, une surreprésentation des jeunes d'origine étrangère dans les grandes villes.

À cet égard, l'évolution en Languedoc-Roussillon est emblématique. Dans les quarante dernières années, la proportion de jeunes d'origine étrangère a reculé de dix points dans l'ensemble des communes de moins de 10 000 habitants [1]. L'importance de cette évolution s'explique pour partie par la diminution rapide de l'immigration européenne qui se concentrait prioritairement dans ces petites communes. Le mouvement s'est cependant accentué avec la relocalisation des ménages d'origine française dans les petites communes périurbaines et rurales. En même temps, les ménages d'immigration récente se concentraient dans les grandes villes. Le résultat est qu'en 2005, 68 % des jeunes d'origine française de la région résidaient dans une commune de moins de 10 000 habitants alors que cette proportion n'était que de 56 % en 1968. Inversement, alors que la majorité des jeunes d'origine étrangère vivait dans ces petites communes en 1968, la majorité d'entre eux résident désormais dans des communes moyennes ou grandes. Le processus est identique dans la région PACA où la proportion de jeunes d'origine étrangère n'a cessé de baisser dans toutes les communes de moins de 50 000 habitants entre 1968 et 2005.

---

1. Ces communes concentraient 25 % de jeunes d'origine étrangère en 1968 contre 15 % en 2005.

Ces évolutions, très marquées dans le Sud, concernent en réalité toutes les régions où les concentrations d'immigrés sont importantes. Ces dynamiques de séparation expliquent qu'aujourd'hui, malgré l'augmentation des jeunes d'origine étrangère, le voisinage des jeunes d'origine française soit en moyenne composé à 80 % de jeunes de même origine [1], c'est-à-dire la même proportion qu'en 1968. Un constat qui illustre l'intensité de la dynamique de séparation, un séparatisme qui influence le développement urbain.

Séparatisme et forme urbaine

L'installation dans des espaces périurbains et ruraux ne répond à aucune rationalité économique. En quittant les métropoles, les ménages s'éloignent du marché de l'emploi le plus actif, des équipements publics et des établissements scolaires les plus prestigieux. On sait par ailleurs que le coût de l'éloignement grève lourdement le budget des ménages. Ce bilan négatif aurait dû tarir depuis longtemps cette migration vers la France périphérique, il n'en est rien. Malgré un ralentissement de l'étalement urbain à proximité des plus grandes métropoles, la fuite vers des espaces de plus en plus lointains se poursuit. Ainsi, et alors que les pouvoirs publics et les urbanistes ne cessent de dénoncer l'impasse de cette tendance, il apparaît que pour les ménages populaires le désir de fuir la ville et ses quartiers difficiles est plus fort que toute rationalité économique.

L'étalement urbain et l'accession à la maison individuelle symbolisaient hier l'ascension de la classe

---

1. Bernard Aubry (Insee) et Michèle Tribalat (Ined), « Les voisins des jeunes d'origine étrangère en France », 2009.

moyenne et illustraient une moyennisation de la société française sur laquelle reposait la cohésion nationale. Aujourd'hui, la poursuite de ce développement urbain révèle au contraire une société divisée où le séparatisme aiguillonne le projet de vie des ménages, y compris modestes.

Le séparatisme contre l'affrontement ?

Le séparatisme n'est évidemment pas le signe d'une société en bonne santé. On peut se demander si ces dynamiques portent en germe des violences à venir ou au contraire si elles permettent, pour l'heure, de désamorcer les tensions. L'analyse des faits des violences racistes montre que nous ne sommes pas dans une logique de guerre civile. En 2008, le bilan de la Commission nationale consultative des droits de l'homme [1] recensait ainsi sur l'ensemble du territoire trente-six faits d'agression ou de violence visant la communauté maghrébine. La faiblesse relative de ces violences racistes, surtout si on les compare à la situation qui prévalait dans les années 1970, contredit *a priori* l'idée d'une montée des violences à caractère ethnique. Dans tous les cas, elle confirme, une nouvelle fois, la permanence, en milieu populaire, de l'attachement aux valeurs républicaines et au refus de la violence.

On peut aussi y voir une conséquence de la recomposition sociale et démographique des territoires et du développement des pratiques d'évitement résidentiel. L'analyse de la répartition géographique des actes xénophobes montre, qu'à l'exception de l'Île-de-France, seules

---

1. « La lutte contre le racisme et la xénophobie », Commission nationale consultative des droits de l'homme, 2008.

les régions Nord et Est sont concernées. La commission précise d'ailleurs que ces régions sont précisément celles où la mouvance « gabber », mouvance d'extrême droite, importée des Pays-Bas, qui recrute principalement des jeunes issus de milieux ruraux, a fait son apparition. La permanence des tensions dans ces régions industrielles n'est pas un hasard.

Contrairement aux autres régions, la cohabitation entre des catégories populaires d'origine française ou européenne et des catégories populaires issues de l'immigration extra-européenne est encore une réalité dans le Nord et dans l'Est. La crise économique et la faiblesse de la mobilité sociale et surtout résidentielle ont freiné les dynamiques séparatistes. Ces territoires de « contacts » ne sont heureusement pas ceux de la violence généralisée mais ils créent de fait les conditions d'un développement des crispations ; c'est le cas notamment dans les quartiers de logements sociaux de petites et moyennes villes industrielles du Nord-Pas-de-Calais, de Picardie, de Champagne-Ardenne et de Lorraine. Les violences urbaines de Vitry-le-François en 2008 ou de Saint-Dizier en 2007 avaient révélé l'importance de ces tensions communautaires. Plus récemment, en novembre 2009, la petite ville industrielle de Chauny [1] dans le département de l'Aisne a été le théâtre de violentes échauffourées entre « jeunes nationalistes » et « jeunes d'origine maghrébine ». En avril 2010, une manifestation contre le racisme anti-Blancs à Charleville-Mézières [2] a dégénéré en affrontement entre « jeunes Maghrébins » et « jeunes skinheads ». Une manifestation

---

1. Gérald Andrieu, « La France en crise, modèle réduit : bienvenue à Chauny », *Marianne 2*, 30 novembre 2009.
2. « Heurts à Charleville-Mézières », *Le Figaro*, 26 avril 2010.

qui n'aurait certainement pas pu voir le jour dans une grande métropole. Le contraste est en effet saisissant entre la situation qui prévaut dans ces régions populaires et celle des grandes métropoles où les dynamiques sociales et foncières ont considérablement réduit les « territoires de contact » entre catégories populaires d'origine française ou européenne et celles d'immigration récente. Dans ces grandes villes, il n'y a plus guère que dans les stades de football qu'on enregistre encore des tensions raciales.

La disparition des couches populaires des grandes villes n'y a pas pour autant fait disparaître les tensions. Elles ne résultent pas d'une concurrence entre catégories populaires mais sont le fruit de la sociologie inégalitaire des grandes métropoles. Le développement des violences anti-Blancs [1], comme lors des manifestations lycéennes de 2005 et de 2006, se nourrit de l'accentuation des inégalités sociales et culturelles des grandes villes. Ces tensions entre jeunes issus de la gentrification et jeunes issus de l'immigration revêtent une dimension ethnique mais ne se confondent pas avec les tensions identitaires des territoires populaires. Elles ne visent pas ici à imposer une domination territoriale ni à remettre en cause la domination sociale des couches supérieures.

La proximité des communautés favorise le développement de tensions spécifiques aux grandes villes. C'est le cas notamment pour les actes antisémites qui se concentrent à Paris, Lyon et Marseille. La CNCDH [2] précise que ces actes, qui représentent la moitié de tous

---

1. Luc Bronner, « Le spectre des violences anti-"Blancs" », *Le Monde*, 16 mars 2005.
2. Rapport 2008 de la Commission nationale consultative des droits de l'homme.

les actes racistes, xénophobes et antisémites [1] commis en France, viennent de « milieux arabo-musulmans ». Ces actions se concentrent donc dans les quartiers ou communes où cohabitent juifs et musulmans, lieux que les familles juives quittent ou évitent désormais.

Au regard de l'universalisme républicain, le développement du séparatisme sonne évidemment comme un échec, mais la faiblesse relative des tensions interculturelles confirme aussi un profond attachement aux valeurs républicaines. En réalité, les couches populaires ont adopté une ligne attentiste face à l'émergence de la société multiculturelle. Un pragmatisme qui s'oppose en tout point à la vision naïve et moralisatrice des élites déjà acquises, en toute sécurité, aux bienfaits du multiculturalisme et du communautarisme.

---

1. Pour une communauté qui ne représente que 0,8 % de la population française.

11

DU SÉPARATISME CULTUREL

La nouvelle géographie sociale structure chaque jour davantage les discours politiques et contribue à remodeler en profondeur la carte électorale. Les résultats électoraux sont ainsi de plus en plus le reflet des nouvelles oppositions socioterritoriales et traduisent l'importance d'un séparatisme culturel susceptible de remettre en cause la cohésion de la société française.

Depuis le référendum de Maastricht et jusqu'aux scrutins les plus récents, les résultats électoraux ont confirmé l'influence croissante de la nouvelle géographie sociale sur la carte électorale. Si les contextes politiques locaux continuent à influencer les comportements électoraux, on observe en effet que le vote des agglomérations tend à se désolidariser de celui de la France périphérique. En 2005, quand Paris, Rennes, Strasbourg, Toulouse ou Lille votent très majoritairement « oui » à l'adoption d'une Constitution européenne, leurs périphéries périurbaines et rurales rejoignent massivement le camp du « non ». Ces dynamiques, déjà opérantes pour le référendum de Maastricht, ont été celles du premier tour de l'élection présidentielle de 2002 où les grandes agglomérations ont plébiscité les partis de gouvernement, tandis que la France périphérique alimentait le vote protestataire en envoyant Jean-Marie Le Pen au second tour.

Toutes les élections confirment désormais une fracture culturelle forte entre les métropoles et les autres territoires. Et elles montrent aussi une profonde fracture politique entre les catégories populaires et les catégories supérieures. Toutes les thématiques abordées pendant les campagnes électorales sont clivantes : mondialisation, environnement, construction européenne, immigration, multiculturalisme. Sur tous ces sujets, les catégories populaires des espaces périurbains et ruraux se situent à l'exact opposé des catégories moyennes et supérieures des métropoles. Si les habitants des métropoles s'inscrivent dans une logique d'ouverture, les catégories populaires ne cessent au contraire de hurler leur besoin de protection.

Bien que le poids électoral des métropoles soit souvent surestimé par les prescripteurs d'opinions, il apparaît clairement que les élections majeures, celles où les gens votent, se gagnent d'abord dans ces espaces périurbains, ruraux et industriels et donc par un discours qui valorise la protection des individus face à la mondialisation. *A contrario*, les victoires répétées de la gauche dans les grandes villes, une France minoritaire, soulignent en réalité la faiblesse structurelle du camp « du progrès social ». Aujourd'hui, la gauche est forte là où le peuple est faible. C'est la raison pour laquelle la gauche emporte très souvent les élections où le taux d'abstention des catégories populaires est le plus fort ; c'est le cas notamment des élections régionales et européennes.

Cette fracture spatiale et politique n'est pas propre à la France. Elle existe dans tous les pays européens. Les métropoles embourgeoisées et cosmopolites se distinguent de plus en plus de leur environnement périurbain et rural. Des métropoles qui bénéficient de la mondialisation face à des territoires et des populations qui en subissent les conséquences, ce modèle est désormais à l'œuvre dans l'ensemble des pays développés et mais aussi émergents.

La présidentielle de 2007 a-t-elle été la première élection postrépublicaine ?

Comme pour les élections précédentes, les résultats de l'élection présidentielle de 2007 ont confirmé l'importance de la nouvelle géographie sociale. Le candidat Sarkozy a ainsi raflé la mise majoritaire, celle de la France populaire des périphéries périurbaines et rurales. Mais ce scrutin électoral a aussi révélé l'importance du séparatisme culturel au sein même des milieux populaires. Le clivage électoral entre « des cités qui votent Royal » et « des pavillons qui votent Sarkozy » a fait l'objet de nombreux articles ou analyses [1]. Pour l'essentiel, les observateurs ont expliqué ce clivage par le statut social des électeurs ou par un déterminisme qui serait associé au « mode de vie pavillonnaire » ou, au contraire, au « mode de vie des immeubles de logements collectifs » ; l'un entraînerait un vote droitier, l'autre rendrait les habitants plus sensibles à la question sociale. L'explication est un peu courte et surtout occulte l'essentiel : le creusement d'une fracture culturelle au sein même des milieux populaires. Cette fracture, qui explique pour partie les dynamiques de séparation spatiale, repose notamment sur une perception différente de la mondialisation et de l'immigration selon l'origine. Ainsi, et pour la première fois d'une façon aussi marquée dans l'histoire de la République, l'origine des électeurs a influencé le résultat électoral. Redisons-le, c'est une première.

---

1. Notamment : Marie Cartier, Isabelle Coutant, Olivier Masclet et Yasmine Siblot, *op. cit.*

Si les banlieues qui concentrent les minorités visibles ont voté Royal, les territoires périurbains et ruraux où se concentrent majoritairement des couches populaires d'origine française ou européenne ont voté Sarkozy. Tout se passe comme si le lent processus de séparation territoriale débouchait aujourd'hui sur l'expression politique d'un séparatisme culturel. Plus que la précarisation sociale, il apparaît que des motivations culturelles ont fortement aiguillonné le vote des banlieues mais aussi des territoires de France périurbaine et rurale. Un sondage « sortie des urnes [1] » réalisé le 22 avril 2007 permet de saisir l'importance de cette dimension culturelle. Au premier tour, 64 % des électeurs « qui se disent musulmans » ont voté Royal contre 1 % pour Sarkozy, la répartition s'inversant pour les électeurs « qui se disent juifs » et dans une moindre mesure pour les électeurs « qui se disent catholiques ». Au second tour, Jérôme Jaffré [2] rappelle que ce clivage s'est renforcé. 94 % des électeurs « qui se disent musulmans » ont voté Ségolène Royal tandis que 77 % de ceux « qui se disent catholiques pratiquants » ont voté Nicolas Sarkozy. Si des sondages ne permettent pas de conclure à l'émergence d'un « vote musulman », « juif » ou « catholique », l'importance des clivages souligne quand même une évolution dans cette direction. L'émergence d'un vote influencé, même à la marge, par l'identité ethnoculturelle des électeurs constitue une rupture considérable dans un pays où l'origine n'a jamais été un déterminant. Ce fait ne fut pourtant pas débattu. Si cette tendance se confirmait, elle illustre-

---

1. Sondage Sortie des urnes auprès d'un échantillon national représentatif de 5 009 personnes ayant voté, Institut CSA-Cisco pour *La Croix* le 22 avril 2007.
2. *Le Monde*, 8 juin 2007.

rait dramatiquement une forme de désaffiliation républicaine et le risque d'une structuration de la représentation nationale sur des bases ethnoculturelles.

L'élection présidentielle de 2007 a révélé à quel point la cohésion nationale était désormais fragile. Malheureusement, ce constat n'a pas suscité beaucoup de commentaires. Ce silence est encore plus surprenant si on le compare avec la surréaction médiatico-politique due à l'arrivée de Le Pen au second tour de l'élection présidentielle en 2002. 16 % d'électeurs lepénistes de 2002 représentaient apparemment un danger plus important pour la cohésion nationale qu'une majorité d'électeurs choisissant son candidat en fonction de critères culturels. Il est vrai qu'il est plus facile de résister à un péril fasciste qui n'existe pas que de s'interroger sur les effets réels de la mondialisation et du séparatisme au sein de milieux populaires. Cette technique d'occultation du réel n'est d'ailleurs pas nouvelle. En 1975, Pasolini[1] expliquait que la manipulation de l'opinion passerait dorénavant par la création d'un « antifascisme facile, qui a pour objet un fascisme archaïque qui n'existe plus et qui n'existera plus jamais ». Trente ans plus tard, Lionel Jospin, candidat malheureux de 2002, confessera que la lutte antifasciste contre le FN n'était « que du théâtre[2] » et que le Front national n'avait jamais été un parti « fasciste ». Le théâtre plutôt que le réel.

L'interprétation des résultats électoraux participe aussi à l'occultation du réel. On a ainsi exagéré la dimension sociale du vote pour Nicolas Sarkozy pour mieux cacher

---

[1]. Pier Paolo Pasolini, *Écrits corsaires*, Flammarion, coll. « Champs », 1976.

[2]. *Répliques*, France Culture, 29 septembre 2007 ; Lionel Jospin, *Lionel raconte Jospin*, Seuil, 2009.

l'importance d'une crise identitaire qui frappe l'ensemble des couches populaires. C'est d'abord le candidat Sarkozy « antimondialiste » et « anti-immigré » qui a été entendu dans la France périphérique, avant celui du pouvoir d'achat. C'est d'ailleurs ce même Sarkozy qui, pour des raisons inverses, a été rejeté en banlieue. Car dans ces quartiers, comme dans la France périurbaine et rurale, la dimension culturelle du vote a été déterminante. Les habitants des banlieues n'ont pas voté pour Ségolène Royal mais contre un candidat Sarkozy jugé anti-immigré ou islamophobe.

La polarisation culturelle et identitaire de l'élection présidentielle aura fortement contribué à l'importance de la participation des électeurs populaires de banlieues et de la France pavillonnaire. On notera que quelques mois plus tard, les élections législatives, structurées autour d'un classique discours droite-gauche et dépouillées de tout enjeu culturel, seront marquées par une forte abstention de ces mêmes électeurs populaires.

En insécurité culturelle

Des banlieues aux espaces périurbains ruraux ou industriels, les partis de gauche n'attirent plus l'électorat populaire. Les échecs de la gauche à l'élection présidentielle ont en particulier été compris comme la conséquence d'un abandon de la « question sociale ». Mais l'analyse des résultats électoraux de la gauche de la gauche commande de nuancer ce diagnostic. Il est en effet frappant de constater que l'extrême gauche ne bénéficie pas d'un contexte social dégradé et d'une montée de l'insécurité sociale. Si Lutte ouvrière arrivait en son temps à capter une part de l'électorat ouvrier et modeste, ce n'est pas le cas du NPA qui fait un bide non seulement dans les espaces ouvriers ruraux et industriels traditionnels, mais aussi dans les quartiers difficiles de banlieue. Pour l'essentiel, l'électorat du NPA se recrute désormais parmi les étudiants et les couches moyennes de la fonction publique.

Ce constat ne fait que confirmer qu'on ne peut plus aborder la question des conditions de vie et de travail des catégories populaires en 2010 comme on le faisait dans les années 1970-1980, à une époque où les effets de la mondialisation ne se faisaient pas encore sentir. Après trois décennies de chômage de masse, les couches populaires sont de moins en moins réceptives à la rhétorique de gauche. Pendant la campagne de 2007, plusieurs partis de gauche ont ainsi fait la proposition d'un salaire minimum à 1 500 euros. Pour les éminences grises de la gauche, il semblerait donc que cette somme corresponde au salaire auquel peuvent prétendre les catégories populaires ; étonnamment, cette proposition, alléchante, n'a pas attiré les électeurs les plus modestes : au premier tour de l'élection présidentielle, la majorité des petits revenus et des catégories modestes a choisi l'extrême droite et la droite.

Faut-il alors en conclure que « la question sociale » n'est pas au centre des préoccupations des catégories populaires ? Évidemment non, la question des revenus et du travail est au contraire de plus en plus prégnante. Le problème est que contrairement à ce qu'imaginent les technocrates, on ne peut répondre à la question de l'insécurité sociale sans la connecter à la question de la mondialisation libérale et à l'instabilité culturelle qu'elle génère. Les milieux populaires sont bien confrontés à une nouvelle précarisation sociale mais aussi aux défis d'une nouvelle société mondialisée et multiculturelle. En abordant la question sociale comme on le faisait dans les années 1970, la gauche montre qu'elle n'a pas pris la mesure d'une « insécurité culturelle » qui frappe l'ensemble des couches populaires d'origine française ou immigrées.

Le phénomène n'est pas nouveau et il a été repéré par les politologues. L'incrustation depuis plus de vingt ans du vote FN en milieu ouvrier et plus généralement dans l'électorat populaire démontre une mutation de la demande sociale qui revêt désormais aussi une dimension culturelle. L'importance du vote frontiste dans des régions industrielles où se succèdent depuis plusieurs décennies délocalisations et fermetures d'usine illustre *a contrario* l'inadaptation des programmes de la gauche.

Dans la commune pauvre de Hénin-Beaumont dans le Pas-de-Calais, les quartiers les plus pauvres n'ont pas plébiscité la gauche ou l'extrême gauche mais le Front national. En 2009, au premier tour des élections municipales, le Front national a obtenu 40 % des voix contre 4 % pour le NPA. Le programme anticapitaliste et redistributif de l'extrême gauche n'a pas attiré l'électorat le plus précaire et le plus touché par les délocalisations. Ouvriers, chômeurs, précaires ont ainsi choisi majoritairement le parti frontiste. On peut se rassurer en évoquant le contexte politique particulièrement délétère sur lequel a surfé le FN, mais cela ne suffit pas à expliquer pourquoi, au second tour, ce sont encore les quartiers les plus pauvres de Hénin-Beaumont qui ont choisi le FN. Cet exemple, qui s'ajoute à ceux que nous avons déjà donnés, montre que la perte de crédibilité de la gauche en milieu populaire est pour partie la conséquence de son incapacité à prendre en compte la demande de catégories populaires de plus en plus sensibles à l'insécurité sociale mais aussi culturelle, provoquée par la mondialisation économique et son corollaire, l'intensification des flux migratoires.

Des espaces périurbains et ruraux aux banlieues difficiles, la question sociale reste prioritaire mais elle s'accompagne désormais d'une question identitaire qui rend difficile l'élaboration d'un discours qui s'adresse à l'ensemble des catégories populaires dans leur diversité. Si le Front national s'adresse clairement aux couches populaires d'origine française et d'immigration ancienne, le NPA, ainsi qu'une gauche « islamo-gauchiste [1] », tentent de séduire les couches populaires des banlieues et d'immigration récente, en vain. Cette segmentation illustre la difficulté pour les partis de gouvernement de s'adresser à l'ensemble de l'électorat populaire. Mais le souhaitent-ils encore ?

Les élites libérées de la « question sociale »

La réaction des classes dirigeantes à la montée de l'abstention des catégories populaires est un bon indicateur de leurs préoccupations sociales. Les élections européennes de 2009 en sont la parfaite illustration. L'abstention considérable qui a marqué ce scrutin aurait dû peser sur la soirée électorale et entraîner des analyses de fond dans la presse. Il n'en a rien été. Au contraire. Les médias ont célébré le couronnement festif du Vert libéral Daniel Cohn-Bendit tandis que la classe politique commençait à échafauder ses nouvelles stratégies écolos. Les classes populaires et la question sociale étaient, et sont toujours, passées à la trappe. Ce spectacle indécent à un moment où le nombre de chômeurs explose préfigure peut-être

---

1. Pierre-André Taguieff, *La Judéophobie des Modernes*, Odile Jacob, 2008.

l'avenir du champ politique : un combat en coton entre les tenants de la mondialisation libérale de gauche et les tenants de la mondialisation libérale de droite. Cette alliance objective entre libertarisme et libéralisme est aussi l'affaire d'une génération, celle des baby-boomers, une génération perdue dans le matérialisme et la confusion idéologique mais qui assume cette mondialisation.

Premières victimes de cette mondialisation, les couches populaires observent les élites fêter la fin de la question sociale. Cette mise en retrait des catégories populaires annonce peut-être un modèle où la classe politique serait (enfin) débarrassée des aspirations du peuple. Une droite moderne, libérée (enfin) de la Nation, et une gauche moderne (enfin) libérée de la question sociale pourront alors multiplier avec délectation des débats sociétaux fondamentaux : « réchauffement, pas réchauffement », « diversité, pas diversité », « vélo ou bus », des débats peu susceptibles de desserrer le corset de la mondialisation libérale. L'impuissance du politique et la crise démocratique ne signifient pas pour autant la « fin de l'Histoire ». Si les couches populaires et leurs aspirations ne trouvent plus aucun écho dans le débat politique, elles participent néanmoins à l'élaboration d'une vision critique de la mondialisation.

Un récit national face au récit de la mondialisation ?

Le spécialiste des sondages Stéphane Rozès [1] analyse la victoire du candidat Sarkozy comme celle d'un homme qui a été capable de construire un « récit national » dans lequel une majorité de Français s'est reconnue notamment dans la France populaire, périurbaine et rurale.

---

1. Stéphane Rozès, « L'imaginaire politique préempte la question sociale », Colloque de la fondation Res Publica, novembre 2009.

Alors que la question de l'insécurité sociale est de plus en plus pesante, ces catégories populaires ne se seraient ainsi pas déterminées sur la question sociale, mais sur un récit qui les replace au cœur d'une histoire nationale, récit que la mondialisation tend à effacer. Le récit national de Sarkozy est apparu comme un récit protecteur, un discours adressé à ceux qui subissent l'insécurité sociale et culturelle de la mondialisation libérale. Ce récit a en revanche peu séduit les grandes métropoles, celles qui bénéficient le plus de la mondialisation. Ces territoires se reconnaissent désormais dans un « récit mondialisé », où l'histoire ne s'écrit plus à l'échelle de la Nation mais à celle du monde. Ce « récit mondialisé » est partagé par la majorité des habitants des grandes villes, des villes-centres embourgeoisées aux banlieues précarisées. Territoires de la mobilité sociale et résidentielle, les métropoles concentrent *de facto* les populations qui se projettent le mieux dans le mouvement historique de la mondialisation. Les couches supérieures comme les catégories populaires de banlieues y participent naturellement. Dans ces grandes aires urbaines mondialisées et progressistes, la Nation est perçue au mieux comme une construction anachronique, au pire comme un carcan liberticide. Cette forme de « désaffiliation nationale » qui se confond de plus en plus avec une désaffiliation républicaine contribue à l'émergence d'un modèle métropolitain où la mondialisation se conjugue désormais avec le communautarisme. Dans ce modèle de développement, ce n'est plus la Nation mais le monde qui « fait société [1] » et qui construit le « commun ». Ce constat, qui souligne potentiellement la forte intégration des populations banlieusardes aux nouvelles dynamiques économiques, révèle

---

1. Jacques Donzelot, *Faire société*, Seuil, 2002.

a contrario les difficultés d'intégration des catégories populaires périurbaines et rurales.

L'adhésion à un récit national des couches populaires de la France périphérique, périurbaine et rurale illustre leur difficulté à se projeter dans une mondialisation déjà responsable d'une dégradation de leurs conditions de vie. Dans ce contexte, l'adhésion à un « récit national » ne peut être comprise comme la résurgence d'une « France moisie [1] », mais comme la volonté de s'adosser à une Nation républicaine qui protège. Le relatif dynamisme démographique de cette France populaire montre d'ailleurs qu'elle n'est pas encore en voie de disparition. L'histoire des couches populaires continue à s'écrire non plus seulement à travers les seules luttes sociales, mais aussi à travers la volonté de s'émanciper d'un projet libéral et mondialiste trop coûteux socialement.

Bien que très majoritaire pour l'ensemble des classes dirigeantes, l'adhésion au « récit de la mondialisation » reste donc minoritaire dans le peuple. C'est à cette contradiction que sont confrontés tous les partis politiques depuis vingt ans. Une contradiction qu'il est d'autant plus difficile de résoudre que les évolutions démographiques rendent difficile l'élaboration d'un « récit commun ». Pour l'heure, l'absence de volonté politique risque de contraindre le peuple à composer ce récit. On a coutume de présenter l'abstention électorale comme un signe d'anomie, elle est peut-être le signe que l'« Histoire » est en train de s'écrire en dehors du champ politique. À cet égard, la nouvelle géographie sociale des territoires et les stratégies individuelles et collectives qu'elle suggère nous parlent plus des aspirations popu-

---

1. Philippe Sollers, « La France moisie », *Le Monde*, 28 janvier 1999.

laires que l'expression politique. Si la doxa maintient les classes dirigeantes dans l'illusion qu'elles font l'Histoire, leur acculturation et leur attirance irrationnelle pour une société marchande déterritorialisée les condamnent au rôle de faire-valoir d'une ploutocratie sans avenir.

Parce qu'elles n'ont pas abandonné l'idée du « commun », les couches populaires participent de fait à une critique de la mondialisation libérale. La difficulté repose dans l'élaboration d'une critique sans « happy end » marxiste, mais où la collectivité est une réalité. La question est désormais de savoir si cette « contre-culture », qui s'élabore par le bas, pèsera demain dans le débat politique.

Conclusion

LE RETOUR VITAL DU « CONFLIT » ET DU PEUPLE

L'invocation de l'idéal républicain et égalitaire apparaît de plus en plus comme une rhétorique dont l'objet est de masquer l'intégration rapide de la société française à un modèle mondialisé, en contradiction avec les principes de la République. La notion d'égalité associée à celle de l'assimilation inéluctable, auxquelles il était encore possible de croire il y a vingt ans, ont laissé la place au développement d'un séparatisme social mais aussi culturel. Contrairement à ce qu'une « pensée magique républicaine » laisse entendre, la France n'a pas résisté à la mondialisation libérale et au multiculturalisme. Comme dans les autres pays développés, un ordre social inégalitaire et communautariste s'impose peu à peu.

Malgré tout, la situation n'est pas figée. L'Histoire continue et la société mondialisée et multiculturelle n'évoluera pas selon une grille de lecture préétablie. L'avenir ne ressemblera pas à la société métissée et apaisée rêvée par les élites. La « guerre civile » n'est pas l'horizon le plus probable, en revanche le retour du « conflit » paraît, lui, assuré. Les illusions autoprotectrices de la classe dominante n'empêchent pas le développement de profonds antagonismes sociaux et culturels, ceux-là mêmes que révèle la nouvelle géographie sociale des territoires ; elle permet déjà de dessiner les lignes de ces nouveaux conflits.

Les fractures sociales et culturelles s'installent et indéniablement s'élargissent. Le séparatisme s'accentue et on ne voit pas comment cet engrenage pourrait être freiné politiquement par de dérisoires appels au « vivre ensemble ». La situation est sérieuse et mérite mieux que ces incantations. Les conflits sociaux, culturels et idéologiques doivent dorénavant s'exprimer dans le débat politique. Pour cela, il faut que la bulle du consensus politique explose, enfin. Si les affaires publiques et la démocratie ne parviennent pas à mettre au clair, discuter et reconnaître les vrais antagonismes de la société, alors, et parce que « la guerre est la simple continuation de la politique par d'autres moyens [1] », la situation deviendra ingérable.

Les solutions et une attitude politiques existent : la fin du faux débat gauche-droite et des disputes byzantines sur des sujets mineurs est aujourd'hui envisageable. Non parce que la classe politique aurait pris conscience de cette nécessité, mais parce que la crise de la mondialisation libérale et l'effacement des piliers de la « société du consensus » vont imposer ce changement. L'accentuation de l'insécurité sociale et plus généralement la dégradation des conditions de vie des couches populaires des pays développés aboutiront inexorablement à une critique majoritaire d'un modèle de développement mondialisé et sous influence du capitalisme financier. La mise en concurrence des couches populaires « d'ici » avec les travailleurs de « là-bas » et le dumping social exercé par l'immigration sont en train d'atteindre leurs limites. En

---

1. Karl von Clausewitz, *De la guerre* (1816-1830).

affaiblissant la cohésion sociale et nationale, la mondialisation crée les conditions d'un retour du « conflit » qu'une « société du consensus » s'était pourtant appliquée à dissimuler.

Les évolutions démographiques et sociales vont également aider à cette prise de conscience. En effet, le consensus politique et social reposait pour partie sur une génération, celle des baby-boomers et sur une catégorie sociale, celle de la classe moyenne. Or ces deux piliers sociétaux sont en passe de disparaître sous le double effet du vieillissement de cette « génération dorée » et de la précarisation sociale des couches salariées. Sauf à interdire toute expression politique, cette nouvelle donne sociologique favorisera mécaniquement l'émergence des vrais clivages qu'une classe politique « héritière des Trente Glorieuses » n'a eu de cesse de camoufler. Les débats de replâtrage dissimulent de moins en moins les fractures françaises. Des débats de fond, jusqu'ici ignorés, s'imposent avec entêtement. On peut évoquer, par exemple, la question du protectionnisme européen. Ce concept, développé notamment par l'économiste Jacques Sapir [1], n'a étonnamment suscité aucune controverse et n'a même pas été mentionné pendant les dernières élections européennes. Cette thématique, qui permet d'aborder les enjeux de la réindustrialisation, de la protection des emplois européens et du modèle social européen, ne pourra longtemps être esquivée. Dans le même ordre d'idées, la question de savoir s'il est possible d'élaborer des politiques sociales à l'échelle européenne ou mondiale surgira inéluctablement dans les prochains scrutins électoraux. En réalité, ce ne sont pas les solutions qui

---

1. Jacques Sapir, « Le retour du protectionnisme et la fureur de ses ennemis », *Le Monde diplomatique*, mars 2009.

font défaut mais la difficulté de remettre en cause le consensus sur la mondialisation libérale.

Pourtant, immanquablement, les effets de la mondialisation libérale et du multiculturalisme seront demain au centre du débat politique. Ces problèmes contribueront non seulement à une recomposition politique à l'intérieur même des familles politiques mais aussi à un retour des couches populaires.

En effet, les questions de la mondialisation, de la métropolisation et du multiculturalisme sont les plus socialement clivantes. Leur seule évocation contribue mécaniquement à la résurgence d'une France populaire que tout oppose aux choix des élites. Ce retour ne sera pas le fruit d'un messianisme révolutionnaire mais d'abord la conséquence d'une instabilité sociale et culturelle que le système ne peut plus occulter sous peine d'un ébranlement de la société tout entière. Or, l'attachement des couches populaires françaises ou immigrées à une forme d'« autochtonie », source de liens sociaux, sans oublier une défense viscérale du principe d'égalité sociale, souligne, ô combien, une contestation radicale du processus de mondialisation. C'est pourquoi, qu'on le veuille ou non, le peuple détient les clefs de l'avenir.

Paris, septembre 2010.

TABLE

Introduction
Les nouveaux conflits français 7

1. Un ghetto intellectuel et médiatique 15
2. La gauche française dans le ghetto 31
3. L'autre diagnostic 37
4. Le temps des minorités et des majorités relatives 55
5. Comment je suis devenu blanc 65
6. La survivance du mythe de la classe moyenne 77
7. Derrière la mondialisation heureuse 91
8. La France périphérique 107
9. Vivre ensemble, disent-ils 127
10. Vivre ensemble séparés ? 141
11. Du séparatisme culturel 169

Conclusion
Le retour vital du « conflit » et du peuple 183

Cet ouvrage a été mis en pages par

<pixellence>

N° d'édition : L.01EHQN001118.N001
Dépôt légal : septembre 2019
Imprimé en Espagne par Novoprint (Barcelone)